# La gran aventura de montar un restaurante

# La gran aventura de montar un restaurante

## Manual práctico y de consejos

Enrique Becerra

ALMUZARA

2006

**Editorial Almuzara**
Colección Economía y empresa
Director editorial: Antonio E. Cuesta López
Edición a cargo de David González Romero
www.editorialalmuzara.com
pedidos@editorialalmuzara.com - info@editorialalmuzara.com

Fotografía: Manolo Manosalbas
Diseño y preimpresión: Talenbook
Imprime: Taller de Libros, s.l. (www.tallerdelibros.com)

I.S.B.N: 84-96710-06-8
Depósito Legal: CO-1128-06
Hecho e impreso en España - *Made and printed in Spain*

*A Tere. A Javier. A Rocío.*

*… caminante, no hay camino,*
*se hace camino al andar.*

(Antonio Machado)

# Índice

# Introducción

Cuando Manolo Pimentel —mi editor— me propuso escribir este libro en concreto, confieso que me quedé dubitativo. ¿Una guía sobre cómo montar un restaurante? Habrá miles. ¿Otro libro de autoayuda? Si no valen para nada...

Pero como un servidor es bien mandado y curioso, pues que me puse manos a la obra pensando que, después de escribir dos o tres capítulos, me aburriría y estaría totalmente desmotivado. Pero ¡ay!, sorpresas te da la vida... Ni hay prácticamente bibliografía sobre el tema, ni lo que yo estaba escribiendo era un manojo de consejos al uso. ¡Qué va! Sin pretenderlo estaba volcando sobre la pantalla mis más de treinta años de experiencia en el gremio. Mis aciertos y mis meteduras de pata. Mi vida laboral, en suma. Y ya en este punto no pude dar marcha atrás. Sentía que estaba haciendo algo útil.

He vuelto a disfrutar como un enano ante el teclado como en mi primer libro *Recetas con Historia.* Han vuelto a pasar por mi mente episodios, caras y vivencias. He vuelto a darme cuenta de cuánto le debo a mi oficio (aunque los taberneros siempre estemos renegando de él).

Si has comprado este libro por curiosidad espero que ésta quede satisfecha, y que puedas apreciar y valorar mejor el esfuerzo de los profesionales de hostelería la próxima vez que te sientes a una de nuestras mesas. Y si lo has adquirido porque de verdad tienes intención de vivir esta aventura, pues bienvenido, y permíteme el tuteo y el trato directo con el que me voy a dirigir a ti a partir de ahora. De colega a colega.

Espero poder transmitirte a través de mis palabras que estás entrando en un mundo precioso, duro, unas veces ingrato, otras increíblemente satisfactorio.

Bienvenido y ajústate bien la armadura. La batalla será dura.

# 1

# ¿Qué tipo de restaurante quieres?

# I

# ¿Qué tipo de restaurante quieres?

> **La primera clasificación de la cocina es buena cocina o cocina mala.**

Parece una pregunta obvia, pero puedes creer tenerlo claro y no ser así, porque, ¿qué criterio utilizar para elegir el tipo de restaurante?, ¿el precio del cubierto?, ¿el tipo de cocina?, ¿la decoración?, ¿la clientela a quien va dirigido?...

Pues un poco de cada. En este mundo, como en el resto de la Creación, nada es absoluto, o, como dijo el poeta:

En este mundo traidor
nada es verdad o mentira,
todo depende del color
del cristal con que se mira.

También puede variar el punto de vista según el protagonista que escojamos, pues no es lo mismo que tú seas cocinero o camarero o el socio capitalista en caso de que lo hubiere. Así que vamos por partes.

## Por tipos de cocina

¿Tradicional o moderna? ¿Nacional o internacional? ¿Étnica o castiza? Dejémonos de adjetivos. La primera clasificación de la cocina es buena cocina o cocina mala, así de claro. Hay gente que maneja las innovaciones como nadie creando verdaderas obras maestras y otros que pintarrajean el plato (cuadrado a ser posible) con tres o cuatro salsas deslavazadas y se creen el mismísimo Adriá en persona.

Nadie nace sabiendo. El periodo de aprendizaje en este oficio, **repito, oficio** (te voy a nombrar esta palabra hasta la saciedad en este libro), dura toda la vida, y por ello mismo la base sobre la que debe asentarse debe ser lo más sólida posible, tanto teórica como práctica.

**Para atreverte a deconstruir algo, antes debes ser un maestro en su construcción.**

Desde que el maestro de El Bulli salió con aquello de la deconstrucción de la tortilla de patatas, a medio país le dio por divorciar los ingredientes de las recetas más tradicionales en un arranque irresistible de ordenada anarquía en nuestros fogones patrios, si me permites la contradicción. Pero, claro, mucha pólvora y poca munición, porque para atreverte a deconstruir algo, antes debes ser un maestro en su construcción; conocer cada ingrediente y cada característica de él. Parirlo.

Dalí, Picasso, Miró, Chillida y tantos y tantos otros maestros de las Bellas Artes son capaces de emocionarnos con tres o cuatro líneas puras porque antes ya han sido números uno en sus etapas previas, siempre figurativas. Pues con la cocina ocurre igual: si no sabes hacer unas buenas lentejas con chorizo, ¿cómo eres capaz de atreverte a experimentar con ellas?

Haced la prueba del algodón pero cambiándolo por unas simples patatas fritas. Sin vergüenza. Cuando entréis en un restaurante súper-mega-moderno-de-la-leche pedid unas humildes patatas fritas como guarnición de cualquier plato. Si os la sirven sin chistar y en su punto, ¡chapó! Ahí hay oficio. Si os ponen diez mil excusas y al final os las traen quemadas por fuera y crudas por dentro, huid como almas que lleva el diablo.

**Cuando entréis en un restaurante súper-mega-moderno-de-la-leche pedid unas humildes patatas fritas.**

Pero centrémonos en lo que nos interesa. Si eres cocinero y quieres montar tu propio restaurante, tendrás clarísimo el tipo de

cocina que vas a hacer: la que te sale bien, que suele ser la que has ejercitado en tu vida laboral. Si no tienes experiencia y acabas de salir de una escuela de hostelería mi consejo es que ruedes un poco antes de lanzarte al vacío.

Si no eres profesional de los fogones, cuidado, pues dependerá de la opinión y las habilidades de quien vayas a contratar como jefe de cocina, y si éste vuela al cabo del tiempo, ¿qué hacer? Lo lógico sería promocionar a su segundo, pero si no le ha dado tiempo a cuajar la cosa se agrava. Y una de las cosas que más contribuye a la desbandada de los clientes son los bandazos en la comida.

**Una de las cosas que más contribuye a la desbandada de los clientes son los bandazos en la comida.**

Ya ves. Lo que te decía antes de la importancia de considerar la hostelería como un oficio. Hay cientos, miles de casos de empresarios y/o profesionales liberales que invierten sus beneficios en montar un restaurante (gremio del que no tienen ni idea), pensando que es oro todo lo que reluce, o sea, que todo el dinero que entra en la caja son beneficios. «Con lo que me cuesta a mí pagar en los restaurantes y la de gente que yo conozco, multiplico la inversión por dos en un cuarto de hora.»

¡Pobres incautos! No saben que se están metiendo en un fregado en el que entre el 40% y el 50% de los ingresos son para pagar gastos generales. Con el resto compra pescado, carne, verduras, vinos, licores, etc., y que te sobre algo; de dinero, que no de materia prima, la cual, para colmo, es perecedera en cortísimo plazo. Señores inversores: menos riesgo tiene la bolsa.

Y de los famosos metidos a taberneros aficionados más vale no hablar. Bueno, la verdad es que los primeros que no lo hacen son ellos cuando salen escaldados, aunque siempre habrá perlas como la de aquella tonadillera que, desde las páginas de una revista del corazón, pedía y suplicaba a los clientes de su efímero y ruinoso restaurante que no se llevaran los platos de recuerdo, que valían un dineral. Zapatero a tus zapatos.

Otros candidatos habituales a establecerse como hosteleros son los alumnos de las numerosas escuelas de hostelería de España. Y lo hacen solos (entrampándose hasta las cejas) o en compañía de otros (socios capitalistas que suelen creer que todo el monte es orégano). Si tú eres uno de ellos, ten cuidado, no hagas caso a la impaciencia propia de tu poca edad. El aprobar esos tres o cinco años de estudios hosteleros es el comienzo, no el final. Puedes tener buena mano para la cocina, ser un relaciones públicas de primera, entender más de vinos que el mejor de los enólogos… y estrellarte a las primeras de cambio.

La experiencia no se aprende, se adquiere poco a poco y con el paso de los años. Guisar como los ángeles no tiene por qué llevar implícito el saber organizar unas cámaras frigoríficas, o calcular bien el *tempo* de las comandas y no tener al cliente esperando media hora entre plato y plato. Puedes ser un jefe de sala educadísimo y pendiente hasta del último detalle y resultar frío como un témpano. Puedes no establecer una buena conexión con la cocina y no mantenerla informada de cada variación en el ritmo del trabajo.

Si has terminado recién tus estudios, vuela. Trabaja en sitios muy diferentes entre ellos. Toca todos los palos. Cúrtete siendo otro el que arriesga los cuartos. Y, cuando sepas de verdad lo que es este oficio (¿recuerdas?: oficio), lánzate. Con todas tus ganas. Pero con **el salvavidas de la experiencia.**

**Cuanto más riesgo más posibilidades de hacerte rico y más de caerte con todo el equipo.**

Hace años el oficio estaba menospreciado. Si un hijo salía torpe, o para los albañiles o para camarero. Hoy, gracias a Dios, no sólo no es así, sino que, cuando lo haces bien, te da prestigio social.

## ¿Franquicia o por libre?

He aquí otra posible clasificación para los restaurantes. El primer supuesto te da más seguridad y menos riesgo. El segundo es más complicado pero más creativo. Y el resultado económico es igual al de otras actividades: cuanto más riesgo más posibilidades de hacerte rico y más de caerte con todo el equipo. Tú decides. Pero ten una cosa en cuenta: en Hostelería las franquicias suelen ser restaurantes de poca calidad, y llevarte media vida estudiando para eso… pues como que no.

## Con mantel o sin él

No es ninguna tontería. La diferencia es abismal entre estos dos tipos, y no únicamente por el gasto en lavandería. Soy de Sevilla y siempre he ejercido mi actividad laboral en esta preciosa ciudad, así que estoy más que familiarizado con las tapas. Pero es que, lo que era una particularidad más o menos local, se está convirtiendo en todo un fenómeno gastronómico a nivel mundial. Y ello se debe a muchos factores además de su calidad. Este periodo de florecimiento del tapeo coincide con el auge de los restaurantes llamémosles informales. Sitios donde comer bien, compartiendo platos y a un precio algo más ajustados que en los tradicionales. Y si la formalidad gastronómica tiene un enemigo declarado ese es el mantel.

**En Hostelería las franquicias suelen ser restaurantes de poca calidad.**

Así pues, el consabido trozo de tela (con su presencia o ausencia) puede convertirse en protagonista de tu negocio. Generalmente los restaurantes «desmantelados» suelen tener una clientela más heterogénea y rotan las mesas con mayor rapidez. Tampoco tienen por qué ser de menor calidad. Una de los grandes atractivos de las tapas es su pequeño tamaño, lo cual te permite probar cuatro o cinco cosas diferentes en la misma comida. Pero tienen el inconveniente de necesitar más personal en la cocina. ¿Que por qué? Imagina que tienes un restaurante de cincuenta plazas y las llenas todas. Cincuenta por dos son cien platos los que saldrían de la cocina. Si fuese de tapeo puedes incluso doblar mesas, así que imagina ochenta comensales por cuatro platos cada uno, hacen un total de trescientos veinte. Tendrías que emplatar, servir, retirar y fregar el triple de platos para hacer la misma recaudación. Eso sí; creativo a tope, y eso fideliza muchísimo a la clientela. Igual me equivoco, pero el «sinmantelismo» puede llegar a ser un nuevo movimiento gastronómico.

### Minimalista o de los otros

Lo de la moda de los restaurantes minimalistas da miedo. Conforme con que el espacio es el lujo del siglo XXI. Conforme que si barroquizamos la decoración distraemos la atención del comensal de lo que más nos interesa, que es el plato. Conforme que se han cometido muchos abusos decorativos. Pero llamar minimalismo a la ausencia total de cualquier cosa que no sean mesas o sillas en un restaurante suena a cachondeo.

**El espacio es el lujo del siglo veintiuno.**

Hay locales tan vacíos, tan fríos, tan monocromáticos y asépticos que estás deseando ir al baño para ver los puntos rojo y azul del grifo.

Pasa como con todo. Las líneas puras, los materiales nobles y los colores suaves son amigos naturales de los restaurantes, pero si abusas de ellos parece que estas cenando en un quirófano o en un platillo volante. Huid de los extremos y, sobre todo, aunque os aconsejen en la decoración, que sea vuestro criterio el que se imponga. El decorador cobra y se va, pero vosotros os llevaréis años y años moviéndoos por ese espacio; y si no es de vuestro agrado puede llegar a ser un suplicio.

# II

# ¿Dónde lo montamos?

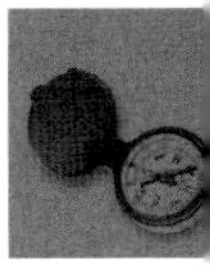

# II

# ¿Dónde lo montamos?

Bien. Ya tenemos claro el tipo de restaurante que queremos. Ahora debemos decidir su tamaño y ubicación.

Comencemos por el local.

Lo primero es calcular el número de metros cuadrados que necesitamos. Para ello deberemos tener bien claro si queremos un negocio para muchos o para pocos comensales; con barra o sin ella; con comedores privados o no; con división de fumadores y no fumadores si la ley no dice lo contrario cuando este libro llegue a tus manos...

Así, a bote pronto, calcula entre metro y medio y dos metros cuadrados útiles de comedor por comensal. Teniendo en cuenta que la zona dedicada al público suele ser aproximadamente el cincuenta por ciento del total del local, ya tenemos la ecuación resuelta: para un restaurante de 50 plazas hará falta un salón de 75 a 90 $m^2$; o sea, un local de entre 150 a 180 $m^2$.

Igual te parece excesivo, pero, además de sala y cocina, necesitarás almacén, bodega, aseos, vestuarios, etc. Y todo eso son metros y más metros cuadrados con una normativa cada vez más estricta en cuanto a comodidad y seguridad.

Y hablando de normativas, empápatelas bien empapadas antes de firmar el contrato de compra o alquiler del local para evitar sorpresas desagradables de última hora. Ten especial cuidado con lo relativo a altura de techos, extracción de humos, distancia máxima

**Y hablando de normativas, empápatelas bien empapadas antes de firmar el contrato de compra o alquiler del local para evitar sorpresas desagradables de última hora.**

hasta la puerta, aislamiento acústico y condicionantes de la comunidad de propietarios del edificio si la hubiere.

¿Ya estás preparado e informado? Pues manos a la obra. ¿Qué zona de tu ciudad te gusta más? ¿Aquélla? Pues vamos para allá.

¿Es un barrio de ejecutivos? ¿Turístico? ¿Popular? ¿Jordi Labanda style?

El ambiente de la zona tendrá que estar acorde con el tipo de clientela que tú quieres atraer, pero, ¡ojo!, no es oro todo lo que reluce. Hay barrios fantásticos con zonas «malditas». Y calles en las que una acera es muy comercial y la de enfrente un desastre. No me preguntes por qué. No lo sé. Simplemente es así. Yo tenía un vecino tabernero —Paco Góngora— que me decía a menudo que calle que cría yerba, mala es para taberna.

**Desconfía si en pocas manzanas hay muchos locales en alquiler o muchos negocios en traspaso.**

Si quieres atraer al vecino residente procura que sea una zona de viviendas no demasiado recientes. Los recién mudados suelen estar algo asfixiados por la hipoteca y demás.

Si es zona con mucha gente de paso estudia detenidamente el comportamiento de ellos. Pasea por allí a diferentes horas y mira cuánto y dónde gastan.

Desconfía si en pocas manzanas hay muchos locales en alquiler o muchos negocios en traspaso. Es señal de que algo no va bien por allí.

¿Te gusta aquél? Estupendo. A mí también. Una esquina siempre es mejor que tener poca fachada; y una acera ancha que una estrecha. Además, no tiene soportales. No me gustan los soportales como no sea en una zona monumental; tapan la fachada y dan oscuridad.

Bueno, chaval, ahora toca hacer números. Los primeros no son muy complicados, pues vamos a partir de la base de que el restaurante va a funcionar y va a tener buena ocupación.

Primero y principal es calcular los gastos generales para saber si podemos pagar con cierto desahogo la renta o la hipoteca. Veamos.

Los gastos generales son aquellos que no dependen ni de la compra ni de la venta, o sea, que hagas lo que hagas, vendas lo que vendas, hay que pasar por taquilla. Vamos a intentar enumerarlos.

- Sueldos.
- Seguros Sociales.
- Renta o hipoteca.
- Luz.
- Agua.
- Gas.
- Teléfonos.
- Gastos de administración.
- Mantenimiento y limpieza.
- Tasas e impuestos municipales.
- Hacienda (lagarto, lagarto).
- Publicidad.

Asusta un poco, ¿verdad? Pues seguro que todavía se me escapa algún detalle.

**Si consigues que los gastos generales no sobrepasen el 40% de la caja prevista es que la cosa puede ser factible.**

Sigamos. Si consigues que todo esto no sobrepase el 40% de la caja prevista es que la cosa puede ser factible.

Después deberás calcular otra cantidad igual (como máximo) para gastos de explotación; a saber:

- Pescados.
- Carnes.
- Frutas y verduras.
- Vinos.
- Refrescos, cervezas y resto de bebidas.
- Lavandería.
- Artículos de limpieza.

- Reposición de loza y cristal (un pastón, ya lo verás).
- Etcétera.

A continuación deberás manipular todos los ingredientes con todo el arte de que seas capaz, servírselo al cliente con muchísimo agrado y profesionalidad y conseguir que el 20% restante sean beneficios. Beneficios que los primeros años no serán para ti, (tendrás que conformarte con un sueldo) sino para amortizar las instalaciones, los aparatos y la decoración de tu restaurante; es decir, que hay para años.

**Si estás pensando que un restaurante se puede amortizar en un plis plas, aún estás a tiempo, huye como alma que lleva el diablo.**

Si estás pensando que un restaurante se puede amortizar en un plis plas, aún estás a tiempo, huye como alma que lleva el diablo.

Claro que también puedes intentar que el porcentaje de beneficios sea mayor. ¿Cómo? Pues sólo hay tres sistemas:

1. **Reduciendo los gastos generales**, o sea, pagando sueldos bajos, jugándotela teniendo empleados sin asegurar o intentar engañar a Hacienda. ¿Te atreves? Yo no, desde luego. Por ética y por conveniencia, porque con empleados descontentos nunca jamás conseguirás dar un buen servicio. Y serán tus clientes los que huirán.
2. **Reduciendo los gastos de explotación**. En este caso puedes optar por bajar la calidad o la cantidad en las recetas. Te dejo a ti decidir de cuál de las dos maneras prefieres hacerle el harakiri a tu restaurante.
3. **Cobrando más caro**. Pues como todo el mundo sabe, la mejor manera que tiene un negocio recién llegado al barrio de fidelizar clientela es ser el más caro de todos, *antié* por la mañana, si me permites la ironía.

**No seas impaciente**. Ya te lo dije al principio. Esto es un oficio y de él tendrás que vivir toda la vida. Cuídalo, que te lo devolverá todo con creces.

¡Ah! Y no te olvides de poner tu figurita de San Pancracio, patrón del trabajo. Recuerda que tiene que ser regalado o robado y ponerle una matita de perejil, si no, no hace efecto.

Cada vez que hablo o escucho algo de San Pancracio no puedo evitar acordarme de Antoñito, dependiente de La Flor de Toranzo, la mantequería-bar que tiene mi buen amigo Rogelio justo enfrente de mi restaurante.

Una noche Antoñito cruzó la calle y me dijo gesticulando mucho, como en él era habitual:

—Enrique, dame un manojito de perejil *pá* ponérselo a San Pancracio, que está la noche cortita y me da pena verle la carita *descolgá* a mi jefe.

—Toma, ahí lo llevas, y no te olvides ponerle la monedita de dos reales en el dedo.

—No te preocupes *miarma*, que se la pondré. Un besito. Mmmmuá.

Y allá que se fue Antonio más contento que unas pascuas agitando su perejil en su mano derecha, la izquierda en el talle y contoneándose como una folclórica de postín.

Al final de la noche crucé como hago tantas veces a charlar con Rogelio y le pregunté:

—¿Qué, se arregló la cosa?

**No te olvides de poner tu figurita de San Pancracio... regalado o robado.**

Antoñito no le dio tiempo a responder.

—¿Que si se arregló dices? ¿Que si se arregló? Mira, *tó* fue dejarle el perejil al santo y ponerse la barra de bote en bote. Y porque a la media hora se lo quité de un manotazo y le dije al Pancracio: *A vé, trae p'acá er perehí ese, coño, que nos vas a matar de tanto trabahá*, que si no todavía estamos liados. Es que ya ni los santos tienen medida...

# III
# *Manos a la obra*

# III

# Manos a la obra

Y nunca mejor dicho lo de obra, porque, una vez dibujado nuestro restaurante en la mente, hay que hacerlo realidad pasando antes por el papel del arquitecto director del proyecto.

Si tienes relación más o menos directa con alguno pues eso que llevas adelantado. En caso contrario yo me buscaría uno que ya hubiese proyectado otros locales similares, pues la experiencia es un grado.

> **Ante todo, un restaurante debe ser práctico.**

Ten en cuenta que una cosa son los planos y otra la realidad. Que los arquitectos, como cualquier profesional que se precie, quiere lucirse y hacer algo bonito, atractivo, lo cual es muy bueno para nuestro negocio, pero, ante todo, **un restaurante debe ser práctico**. Para los clientes es un espacio en el que van a disfrutar durante dos o tres horas y de vez en cuando, pero para los que trabajamos dentro, es muy diferente. Vamos a estar allí muchas horas y muchos días; años, si Dios quiere y todo va bien; y, lo que para los primeros es una lámpara un poco baja que les puede rozar la cabeza, para nosotros es un obstáculo que tendremos que salvar cientos, miles de veces mientras no lo arreglemos.

Debemos procurar colocar en el plano maquinaria y mobiliario antes de ubicar definitivamente los tabiques y, para ello, es imprescindible reunir toda la documentación necesaria de todos y cada uno de los elementos mobiliarios de la instalación para así saber sus medidas exactas y no llevarnos sorpresas de última hora.

Distribuye los aparatos con sentido común y después coloca los enchufes de pared cerca de ellos, no al revés, y si de vez en cuando colocas alguno de sobra, mejor, pues seguro que cuando abras habrá algo que conectar a última hora.

Si necesitas cinco cámaras frigoríficas pon seis, o siete. Si crees tener bastante con X kilowatios contrata más.

**No escatimes tampoco en seguridad con la electricidad y el gas.**

Ya. Ya lo sé. Te estoy viendo venir. Que todo vale un pastón y que qué bien se está tirando con pólvora ajena, pero, aunque parezca mentira, con estos consejos no estoy sino ayudándote a ahorrar, pues es mucho más barato hacerlo antes que improvisar después.

No escatimes tampoco en seguridad con la electricidad y el gas; son muchos los restaurantes que acaban ardiendo innecesariamente.

Cuídate muy mucho de que la sección de los cables que te instalan sea la adecuada o incluso algo mayor, que hay mucho pícaro por ahí suelto. Haz constar esos datos en el contrato con la empresa constructora. Tápate las espaldas. **Todo por escrito**; si no, no hay responsabilidades que valgan.

Si has optado por un traspaso en lugar de montarlo nuevo, infórmate de quién hizo la obra primitiva y pide cuantos detalles técnicos se te ocurran y, en caso de duda, sustituye los elementos correspondientes.

Aún recuerdo a los tres o cuatro años de abrir mi local que iba a pique de que se me hundiera. Resulta que la casa de mi restaurante es bastante antigua y los bajantes tenían más de cincuenta años, así que los sustituimos todos. O eso pensamos, porque había uno, cuya existencia desconocíamos, que recogía el agua de lluvia del castillete de la azotea, y al cual la vecina del ático le había conectado el desagüe de su lavadora sin que el dueño del inmueble lo supiera. Ese bajante no estaba en las mejores condiciones pero tampoco rebosaba los suficiente como para que saliera mancha alguna. El caso es que la humedad continua acabó por pudrir dos vigas que se descabezaron y se desplomaron. Menos mal que mi ángel de la guarda es de los que hacen horas extras, y esas vigas quedaron apoyadas en unas estanterías que prácticamente llegaban al techo y que estaban justo en el sitio que tenían que estar para sujetarlas.

La climatización es otro capítulo muy a tener en cuenta y de muy variadas soluciones, que no es lo mismo tener un restaurante es Sevilla que en Soria. La temperatura en el local debe ser lo más homogénea posible, evitando zonas más frías o cálidas que otras, aunque en esto, como en todo, la perfección no existe. Y aunque existiera. Si tienes cuarenta clientes en la sala, cuarenta termostatos distintos que te harían falta. Ya sabes, cuando unos digan que tienen frío y otros que calor, a los unos les dices que vas a subir la temperatura y a los otros que la bajas. Conectas y desconectas el aparato cada diez minutos y todos contentos. O casi.

Intenta que cualquier aparato susceptible de provocar ruido esté lo más alejado posible del comedor, al igual que teléfonos y cafeteras.

Escoge un suelo fácil de limpiar y cómodo de pisar. Esto último por lo de siempre: van a ser muchas horas y muchos kilómetros los que vas a hacer en esa pista. Menos mal que ya pasaron de moda los antihigiénicos suelos de moqueta; eran un auténtico calvario para nuestros pies.

**Los aseos deben ser luminosos y de colores «limpios».**

Insonoriza todo lo insonorizable. Evitarás problemas con los vecinos y que el comedor sea una grillera en cuanto haya cuatro gatos.

Ten en cuenta que las necesidades no culinarias de los clientes son cada vez más. Te pedirán con frecuencia una toma de corriente donde cargar el móvil e incluso una conexión wifi para recibir correos electrónicos mientras comen. Si tienes previstos estos detalles en el proyecto inicial el costé será ridículo

Los aseos deben ser luminosos y de colores «limpios». Imprescindible un buen espejo bien iluminado. Todavía recuerdo con horror los primeros azulejos que puse en los baños de mi restaurante: muy bonitos en la mano, pero, una vez colocados, transmitían una sensación como de orín seco. Menos mal que ya los cambié.

Una pequeña repisa con accesorios de aseo envasados individualmente no está nunca de más, sobre todo en el de señoras, aunque corres el riesgo de que duren menos que una pompa de jabón. No es broma. Lo de la cleptomanía está mucho más extendido de lo que parece.

Entérate bien de los requisitos para los baños en tu comunidad autónoma; no en todas partes son iguales.

Guarda planos de instalación de todo: de cables, tuberías y demás conductos. Te serán muy útiles cuando con el paso del tiempo vengan las averías.

Y comienza a menear papeles de licencias y permisos cuanto antes. La burocracia es cada vez más lenta.

Venga chaval, que esto va avanzando.

Por cierto, tengo un cliente con una teoría muy peculiar que se cumple casi siempre, por desgracia. Si te dicen que una obra va a durar cinco o seis meses y te va a costar entre quince y veinte millones, suma. Cinco más seis meses son once, total un año; y quince más veinte son treinta y cinco, redondeando, cuarenta. Ojalá no sea tu caso, pero, por si acaso, ya sabes eso de mal de muchos...

IV

# Iluminación y decoración

# IV

# Iluminación y decoración

Bueno, pues mientras que los «artistas» van avanzando con la obra vamos nosotros a ir adelantando cosas con los otros «artistas»: decoradores, tapiceros, mueblistas, iluminadores, etc., «artistas» que estarán todos controlados por el gran pope de la obra: S. M. el Arquitecto, para mí, el rey del proyecto y para los ingenieros, unos ilusos que se creen dioses. En fin, qué quieres que te cuente. Son todos igual, como los físicos y los químicos, los sevillistas y los béticos, los de Belmonte y los de Joselito… Como niños. En realidad eres tú quien manda y quien tiene la última palabra, pero una figura coordinadora y consultiva por encima de todos los gremios que participen en la obra es imprescindible. Decide en quién delegas.

**Una figura coordinadora y consultiva por encima de todos los gremios que participen en la obra es imprescindible.**

Lo de la iluminación merece casi capítulo aparte pues es de capital importancia para crear o destruir ambiente. Hay luces frías y cálidas. Concentradas y difuminadas. Directas e indirectas. Blancas y de color. Fijas y móviles. Etcétera.

El decorador querrá que lo que él considera elemento importante de su trabajo tenga un foco «asín» de grande realzándolo, y se puede dar el caso de un ventanuco falso iluminado por quinientos innecesarios vatios. El arquitecto pretenderá que ese testero revestido de manera tan original esté iluminado en todos y cada uno de sus centímetros cuadrados. Si algún pintor o escultor te ha hecho una obra para tu local casi te exigirá que todo esté en penumbra menos el producto de su arte.

Pero ese no es el negocio del arquitecto, ni del decorador ni del discípulo de Murillo; es tuyo. Es **tu** restaurante, y lo que debe protagonizarlo son sus platos. Si te gustan los ambientes íntimos, adelante, pero el tablero de la mesa debe estar perfectamente iluminado y con el mínimo de sombras posibles. El cliente tiene que ver lo que se come y haberlo leído antes en el menú, que hay sitios —como dice mi mujer— en los que deberían dar las cartas con un casco de minero incorporado con su lamparita y todo porque es tal la penumbra que los platos de la carta hay casi que adivinarlos.

Un restaurante no es sólo sabor. Intervienen los cinco sentidos. Primero la vista y el olfato. Mas tarde el tacto, pues sólo con notar la resistencia que ofrece el alimento a los cubiertos ya sabes si está duro o tierno o si a una *mousse* le sobra o falta consistencia. A veces interviene el oído como en el crepitar de unas gambas al ajillo bien hechas, por ejemplo, y, finalmente, el gusto, al que ya llega el alimento influenciado por los otros cuatro; de ahí la importancia de una buena presencia, la cual es imposible de apreciar si falta luz.

Un cliente tuve que, por culpa de una enfermedad infantil mal curada, perdió el sentido del gusto. Comía por pura necesidad de alimentarse y su único consuelo era jugar con las texturas de cada plato. «Desde luego, el día que mi mujer me quiera envenenar lo tiene fácil», me decía entre bromas.

**Si tienes una obra de arte en la decoración debes darle protagonismo.**

Una vez que ya tenemos la superficie de las mesas bien iluminadas, que no tiene por qué ser necesariamente demasiado iluminadas, podemos dejar que los «artistas» se peleen por un «quítame allá este halógeno». Evidentemente si tienes una obra de arte en la decoración debes darle protagonismo.

Asegúrate también de que las lámparas o bombillas son fáciles de encontrar y entérate bien cómo se abre cada foco o soporte para cambiarlas cuando se fundan, porque los ingenieros (que se creen Dios según los arquitectos) que los diseñan, hay veces que se levantan inspirados y hay que hacer un máster para adivinar cómo cojones cambiar una bombilla que, para más inri, cuesta un pastón y si la tocas con las manos se funde.

No abuses de los halógenos, dan una luz plana y dura que no favorece.

**Busca colores cálidos que no cansen y que no sean demasiado excitantes.**

Si te decantas por la opción de poner una lamparita colgada del techo iluminando cada mesa, ten en cuenta que, a veces, éstas se mueven para unirlas a otra y las sombras que resulten pueden llegar a ser muy molestas.

Pide información previa a la compañía de luz de tu ciudad sobre los diferentes tipos de tarifas y sistemas de ahorro. La factura de la luz es un capítulo importante de los gastos y un quince o un veinte por ciento de reducción es mucho dinero a final de año. Te estoy hablando de tarifas nocturnas y cosas por el estilo.

Vamos ahora con las paredes. Primer consejo: como en los suelos, que sean fáciles de limpiar. Una forma de revestirlas que puede quedar espectacular y servir además de amortiguación de ruidos es tapizarlas, pero es un sistema nefasto para la limpieza. Salpicaduras, polvo, ácaros, etcétera, son enemigos irreconciliables nuestros.

Los estucos son caros de poner, pero eternos, aunque esto último puede llegar a ser casi un inconveniente si quieres cambiar de color.

Recuerdo que, allá a mediados de los ochenta, alguien dijo que el color salmón estimulaba el apetito. Fue visto y no visto. El parque «restaurantil» de media España se vistió de salmón. Paredes, techos, manteles, servilletas, tapicerías, cortinas... y porque los maîtres no se dejaron, que si no me los visten de muaré salmón.

Busca colores cálidos que no cansen y que no sean demasiado excitantes. Puedes intentar pintar tu local de amarillo pollito, pero a cambio de poner como plato del día la lubina a la valeriana.

De la mantelería ya hablaremos más adelante, pero, ya que estamos liados con los colores, permíteme un consejo: cubremanteles y servilletas que sean blancos. Dos motivos hay para ello: que no le quiten protagonismo a lo que está dentro del plato y que, cuando llevemos una temporada lavándolos, no vayan perdiendo el color dando el desagradable espectáculo de ver mesas «nuevas» y mesas «viejas». Sabéis a lo que me refiero, ¿verdad? Y a ningún cliente le va a gustar sentarse en la despintada.

**Procura también que la decoración del restaurante vaya acorde con el estilo del local y del edificio.**

Procura también que la decoración del restaurante vaya acorde con el estilo del local y del edificio. Tan chocante es ver un mesón de tejitas y azulejos en un edificio de diseño como un restaurante minimalista en una típica casa de la Judería de Córdoba, por ejemplo.

Escucha a todos, atiende recomendaciones y consejos, pero, recuerda, tú eres el que decide porque tú eres el que vas a estar mucho tiempo ahí metido.

**El cliente tiene que encontrarse lo que piensa que se va a encontrar.**

Otra cosa que deberás procurar es que decoración y tipo de cocina se «lleven bien». Un ambiente galáctico para comerse un buen cocidito madrileño tipo Lhardy no creo que sea un buen matrimonio. El cliente tiene que encontrarse lo que piensa que se va a encontrar. Claro que también puedes arriesgar y jugar a la sorpresa, si ganas estupendo, pero si no...

No abuses de los colores. Procura utilizar sólo dos o tres en todo el proceso decorativo. Juega con sus matices, con sus texturas. Siéntete a gusto envuelto en ellos. Forma parte tú también de ese decorado. Como los buenos actores; en perfecta simbiosis con el escenario. Y paciencia, que ya va quedando menos para que se levante el telón.

• • • • V • • • •

# El personal

# V

# El personal

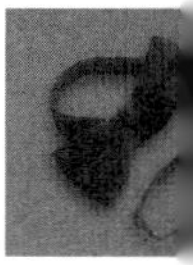

Mientras que los artistas van dándole forma a la obra, y sin perderlos de vista más de cinco minutos seguidos, puedes ir adelantando cosas como, por ejemplo, la búsqueda y selección de personal.

Antes de buscar, evidentemente, tienes que saber qué quieres encontrar, y, como buen principiante que eres, hay cosas que tienes clarísimas, otras medianamente claras, y algunas que son un melón por calar.

**Antes de buscar, evidentemente, tienes que saber qué quieres encontrar.**

Con el personal me atrevo a decirte algo parecido que con el local: **Arriesga lo justo**. Piensa que vas a empezar una carrera de fondo. No sobredimensiones tu restaurante antes de abrirlo, hazlo con unas pretensiones de ocupación realistas. Ya habrá tiempo de ampliar y crecer si el público así lo decide. Pero procura abrir con un camarero y un cocinero de más antes que de menos por si las avalanchas de la novedad. Terrible dualidad. A los dos o tres meses de haber abierto ya sabrás a ciencia cierta cuántos necesitas y a quiénes descartar. No hay nada más patético que un cliente a la caza y captura de un camarero. ¿Recuerdas aquel anuncio de la ONCE en el chiringuito de la playa? Pues eso. Si para tu cliente, conseguir que te atienda el camarero es como si le tocara el cuponazo, pues apaga y vámonos.

**No hay nada más patético que un cliente a la caza y captura de un camarero.**

Hoy en día las escuelas de hostelería suponen una gran ayuda para nuestro gremio, pero, a pesar de ello, hay muchos problemas para encontrar buenos profesionales. E, incluso por mor de algunos de dichos centros hay bastantes profesionales que se sobrevaloran a sí mismo sin darse cuenta de que se están engañando. Siempre humildad, pero al principio más.

Recuerdo unas jornadas de maridaje de vinos de jerez que se celebraron en Sevilla. Otoño de 2005. En una de las mesas redondas un crítico hablaba de las excelencias del curso de sumiller que imparte la Cámara de Comercio de Madrid y de los cientos de buenos profesionales que de ellos han salido. Otro crítico le replicaba que dónde están esos sumilleres. Y es cierto. ¿Cuántos restaurantes conoces que tengan en plantilla uno de esos especialistas?

¿Sabes qué ocurre? Pues que muy pocos negocios pueden pagar ese empleado sin subir la factura, y el cliente suele ser bastante reacio a ello. Además, siguió el segundo crítico, una parte de los pocos que me he encontrado por ahí casi me pegan por no saber elegir el vino; el vino que a **ellos** les gustaría que **yo** bebiese, claro está, pero es que **el que paga soy yo**.

**Siempre humildad, pero al principio más.**

Te cuento todo esto para que reflexiones sobre la especialización que está entrando a porrillo en nuestra profesión: sumilleres, cortadores de jamón, pasteleros, maîtres con idiomas, comerciales... Todos ellos son necesarios para dar la mejor cocina y el mejor servicio, pero, si eres capaz de completar un equipo así (o una brigada, como decían los antiguos), ¿en cuánto se te pone la nómina mensual?

Si tuviera que resumirte en un solo mandamiento todas las vicisitudes que he pasado a lo largo de más de veintisiete años hasta tener el equipo que tengo, ésta sería **equilibrio.**

Gente joven junto a otros más maduros. Intenta que uno de los camareros entienda de vino. Págale algún cursillo si fuere necesario. Hay bodegas y distribuidores que los dan incluso gratuitamente.

Que otro camarero o cocinero aprenda a cortar bien el jamón, esa joya gastronómica española. Hay muchos restaurantes que no tienen ese plato en su carta por la imposibilidad de servirlo cortado según los cánones. También hay escuelas de cortadores de jamón; los fabricantes te lo dirán. Y si no quieres desplazar a nadie, te recomiendo muy mucho el libro *El Jamón y su Corte* de Maximiliano Portes (Almuzara 2005). No se puede explicar más claro el corte del jamón y la paletilla, ni tener mejores y más ilustrativas fotos; amén de empaparte de verdad del mundo del ibérico.

El personal de sala que siempre tengan el «por favor» y el «gracias» en la boca. **Que sean naturales, ellos mismos**. De las escuelas suelen salir bien preparados pero con un envaramiento y una artificiosidad innecesarios. Te insisto en algo que ya te dije: los clientes van a un restaurante o a un bar a disfrutar, no a alimentarse; y, si en el nuestro no se dan las condiciones necesarias, hasta luego Lucas.

**El cliente tiene que sentirse atendido desde que entra por la puerta.**

El cliente tiene que sentirse atendido desde que entra por la puerta. Un saludo, una mirada que le haga entender que le hemos visto ya le hace sentirse bien, cómplice, parte de un sistema. A continuación las frases de rigor: buenas tardes, ¿tienen mesa reservada los señores?, les acompaño... Unas sillas retiradas y vueltas a arrimar, e, inmediatamente, ofrecerles una bebida, jerez, cerveza, cava... Que cuando el maître llegue con la carta los clientes tengan algo servido. Con una copa por delante el cliente es más receptivo. Que no se te olvide.

**Con una copa por delante el cliente es más receptivo.**

En cuanto al personal de cocina pues ídem de lo mismo. Imprescindible un cocinero algo experto con gente joven e ilusionada alrededor. Y si tú, dueño del negocio, eres cocinero, miel sobre hojuelas, pero si estás recién parido para el oficio, cómprate una chaquetilla de la marca «humildad» y recarga a tope el sonotone.

Si tienes unas manos prodigiosas, enhorabuena, pero hay otras virtudes que sólo se **aprenden a base de años** y de fijarse; mamándolas, si me permites la expresión. Te enumero alguna de ellas:

- Saber organizar los turnos del resto del personal de cocina.
- Saber calcular los pedidos, sobre todo los de las materias más perecederas. Ni debe faltar ni debe sobrar. Chúpate esa mandarina.
- Tener las cámaras y el cuarto frío perfectamente organizado.
- Saber que el buen resultado del día, además de las horas del servicio, depende, y muy mucho, de los preparativos previos: salsas, fondos, cortes, etc.
- Controlar el *tempo* de las comandas, que cuando el camarero pida una mesa tarde poco en salir. **Cada mesa tiene su propio ritmo.**

**Cada mesa tiene su propio ritmo.**

Y ya que hablamos de la relación cocineros-camareros (ojú, ya salió la bicha...), te voy a resumir cómo conseguir la mejor de ellas en otra única palabra: **coordinación.**

El camarero debe tener perfectamente informada a la cocina del ritmo de las mesas: «Niño, que la seis va despacito». «Jefe, dale caña a esta comanda que tiene que pillar el AVE de las cinco».

Y la cocina tiene que hacer lo propio con los camareros. «Aguanta la ocho que la cola de toro aún no está». Con ese «aguanta» le está diciendo al camarero que no quite los platos vacíos del primer plato todavía (levantar la mesa, en el argot). No hay nada más desangelado que una mesa sin platos durante más tiempo de la cuenta.

Hablando del argot: hay que tener mucho cuidado con los equívocos. El personal del restaurante lo usa (lo usamos) continuamente sin darnos cuenta de que todos escuchan y pueden entender lo que no es.

Un ejemplo verídico, que diría Paco Gandía: En mi local, por la noche se quedan todos los comedores recogidos y con las sillas encima de las mesas para facilitar la labor de la limpiadora por la mañana. Pues bien, hubo un día en el que debutaba con picadores uno de mis camareros, Paquito Carmona. Entró de montaje con el maître, Antonio Ponce. Llegó puntual y con ganas de trabajar.

—Antonio, ¿qué voy haciendo.

—Pues vete bajando las sillas mientras yo repaso el libro de reservas.

En los cinco minutos que tardó Antonio en hacer lo suyo, la barra se llenó de sillas.

—Pero Paco, ¿qué estás haciendo?

—Pues lo que me has dicho, bajar las sillas.

—Pero las sillas de encima de las mesas, no la de los comedores de arriba a la planta baja.

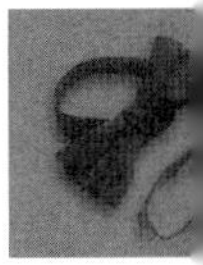

Paco no estaba al tanto de nuestro argot ni de la rutina diaria. Los clientes tampoco, por ello es muy importante explicárselo todo muy bien. Nunca des nada por sobreentendido.

Otro sucedido con explicación previa. En mi casa (que es la vuestra) hay una barra de tapeo a la entrada con una escalera que conduce a los comedores privados de la primera planta; escalera por la que transportan los camareros todos y cada uno de los platos que se consumen arriba. Cinco mesas hay allí: la diez, la once, el despacho (porque era mi antigua oficinita), la chimenea (porque tiene una) y la virgen (en alusión a un azulejo antiguo de la Virgen de los Reyes que lo preside).

Domingo de Ramos. Lleno hasta la bandera. El camarero, cargado de platos llenos, navegando por un mar de cabezas por fuera de la barra y, desde la mitad de la escalera que me dice en voz alta:

—Enrique, ¿dónde van las dos de jamón?

—Una para la once y otra para la virgen» —le contesté.

Y dos señoras zumbonas que estaban en la barra que van y dicen:

—Vámonos Concha, que aquí sólo comen jamón los ciegos y las solteronas.

**Sonríe. Incluso cuando hables por teléfono. Aunque parezca mentira se te nota al otro lado del hilo.**

Así que ojito con lo que se dice inconscientemente. Esta vez fue de gracia, pero hay quien malinterpreta o tergiversa.

Hay una frase que repito constantemente al personal de mi casa: «Somos humanos y nos podemos equivocar. El cliente se lo puede tomar bien, mal o regular, pero si siempre vamos **con la sonrisa en la boca** tenemos el 90% ganado».

Sonríe. Incluso cuando hables por teléfono. Aunque parezca mentira se te nota al otro lado del hilo.

Y otro principio que hay que seguir a rajatabla para elegir personal: **el oficio se aprende, la bonhomía no.** Y el que es un chufla nunca deja de serlo por muy bien que guise o que atienda al público. Y tarde o temprano, te da el disgusto.

Tener un buen equipo, hoy por hoy, es algo bastante difícil. No se sabe si es más complicado fidelizar un cliente o un empleado. A la hora de entrevistar a los candidatos a trabajar contigo ten en cuenta que tan importante como el sueldo son las condiciones de trabajo y los turnos.

**Sé un buen jefe y un jefe bueno. Ambas cosas son compatibles.**

Al principio todo estará poco definido, pero, conforme vayan pasando los meses irás comprobando cuáles son los mejores días de venta a lo largo de la semana y cuáles las franjas horarias de mayor asistencia. Juega con esos datos y, cuando buenamente sea posible que alguno de tus empleados acabe un rato antes porque realmente no hace falta, haz que sea así. Establece turnos de adelanto de horas de salida. O mejor aún; que sean ellos los que lleven ese control. Eso sí; si hay trabajo todos a una. Pero tener a todo un equipo mano sobre mano sin necesidad quema mucho.

Sé un buen jefe y un jefe bueno. Ambas cosas son compatibles.

Un punto también muy importante es el de los uniformes, especialmente los del personal de sala, que son los más visibles.

En la cocina se da normalmente por entendido que los cocineros visten de tal, aunque ya la ropa de ellos ha dejado se ser sota, caballo y rey y hay toda un a gama de pantalones, gorros, chaquetillas y picos. Desde la más clásica hasta la más vanguardista y en todas las gamas de colores. Yo soy más bien clasicote y me gusta que por lo menos la chaquetilla sea blanca.

En la sala la variedad de uniformes es infinita. Desde la clásica guerrera y chaleco con pajarita hasta los trajes étnicos más insospechados para estar acorde con la tematización o la decoración del local.

**No se sabe si es más complicado fidelizar un cliente o un empleado.**

Elige algo cómodo para los camareros, fácil de lavar y de reponer, que no desentone con el resto de tu restaurante y que no despierte fobias entre los clientes (colores amarillos y cosas así).

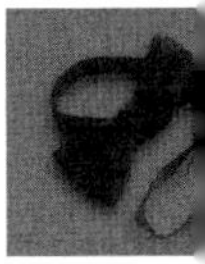

Hay una moda reciente de vestir a los camareros de negro de arriba abajo que puede llegar a resultar chocante, sobre todo si el que la lleva es serio de semblante o tiene la color pálida, como el que vi una vez en un restaurante de Madrid con más pretensiones que otra cosa, uno de cuyos camareros, cada vez que se acercaba a la mesa, entre la negrura de su ropa, su cara como de cera, una leve cojera y ligera carga de espaldas que tenía el pobre, parecía que iba a darte el pésame o morderte la yugular en vez de recomendarte el postre. Mira que si se llamaba Igor…

VI

# *La carta*

# VI

# La carta

Bien. Ya tenemos un ojo en la obra y otro en el personal, pero te estás metiendo a empresario; y de hostelería. Tendrás que irte acostumbrando a tener dos o tres pares de tan preciados órganos, así que úsalos para ir avanzando la carta del que va a ser tu restaurante. Y para empezar podríamos dividir este capítulo en contenido y continente. Es decir, en los platos que la van a componer y en el soporte en el que se les va a transmitir a los clientes.

Comencemos con el continente. Para mí, una carta debe ser ante todo **legible.** De qué te sirve tener maravillas gastronómicas si las escribes en una letra tan pequeña o tan confusa que el cliente no es capaz de leerlas. Y aquí te remito a lo que dijimos en el capítulo relativo a la iluminación.

Busca un fondo claro y unas letras bien dibujadas negras o azules y que siempre haya luz directa sobre el tablero de la mesa.

> **La carta te permitirá ir conociendo los gustos de los clientes más asiduos.**

El tamaño de la carta debe ir acorde con la cantidad de platos que vas a ofrecer. Para empezar es conveniente que no sean demasiados, pero sí muy diferentes entre sí y que cambien con más rapidez de lo normal, cada tres meses como máximo. Ello te permitirá ir conociendo los gustos de los clientes más asiduos y poder así dejar fijos en tu carta los platos más solicitados o que más se echen de menos.

No escatimes en la calidad del papel o cartulina. Vale caro, ya lo sé, pero hoy en día hay unas técnicas de plastificado prácticamente indetectables que prolongan muchísimo su duración. Puedes hacer menos cantidad de las tapas o pastas para que sean de la mayor calidad, y luego añadir la página interior (que rotará más a menudo) simplemente de un buen papel de carta con tu anagrama.

Las tapas pueden ser de cualquier material. La cartulina es el más extendido, pero quedan muy bien también de madera fina o cartón piedra policromado. Metacrilato, de tapicería, papel maché... Todo vale con tal que no desentone con el resto del escenario. Las que parecen que ya han pasado a mejor vida —afortunadamente— son esas horribles cartas de símil piel con fundas interiores de plástico transparente y el anagrama de la correspondiente bodega grabado a fuego. Si alguna casa comercial quiere colaborar con ese gasto, adelante, pero con discreción y elegancia.

Las cartas deben estar en la mesa el tiempo necesario y nada más. En cuanto la comanda esté lista se retiran; a no ser, claro está, que el cliente quiera seguir hojeándola, cosa nada extraña cuando un restaurante está recién abierto.

**La carta, después de la decoración, es la primera imagen física que el cliente percibe de vuestro local.**

Las cartas deben estar siempre limpias, sin gotas o salpicaduras y sin los picos levantados. Daos cuenta de que la carta, después de la decoración, es la primera imagen física que el cliente percibe de vuestro local. Vuestra carta de presentación, nunca mejor dicho. Una imagen de suciedad o abandono quedará flotando en el ambiente desde ese momento si no están como es debido.

Vamos con el contenido. Para echar a andar acabo de recomendarte que no abuses de la cantidad de platos. Es mejor una oferta menos variada y de mucha calidad que lo contrario. Ya sabes lo que dice el refrán: quien mucho abarca poco aprieta.

Organiza los platos como es debido: aperitivos y entrantes al principio y platos principales (pescados y carnes) después, para rematar con los postres. Estos últimos puedes presentarlos en una carta aparte, pero, si lo pones todo junto, el cliente podrá saber de antemano cuál es la dulce oferta del final de la comida y podrá organizar su apetito para dejar un hueco. Si decides poner algún postre que haya que pedir con la comida por el tiempo necesario para su elaboración, será entonces imprescindible que vaya toda la oferta junta, o, por lo menos, que se le advierta al cliente de tal circunstancia.

Lo de los nombres de los platos también tiene miga. Olvídate de aquello de «pimientos del piquillo rellenos de brandada de bacalao de Islandia con su puré de calabacines, salsa de ajos morados confitados con aceite de hojiblanca de Jaén y su guarnición de habitas tiernas del huerto de mi abuelita (paterna)»; sobre todo si después eres de los que pones medio pimiento por comensal y cobras un huevo (de avestruz) por el invento. Mucho lirili y poco lerele, que diría Lina Morgan.

**En hostelería hay palabras mágicas que hacen que un plato se venda más o menos.**

El plato debe ir enunciado de forma que el cliente sepa lo que va a comer, pero sin tener que contarle la historia del cuñado del señor que pescó el bacalao.

Juega también con la imaginación. Las palabras, además de por su significado, son más o menos bellas per se, más o menos comerciales. Y en hostelería hay palabras mágicas que hacen que un plato se venda más o menos y te reto a comprobarlo: Pon en tu carta algún plato con el apellido «relleno» o «a la antigua», por ejemplo, y me lo cuentas cuando pasen unos meses y repases los más vendidos.

Le des a tu restaurante la orientación que le des, nunca le hagas ascos a las otras opciones. Si eres innovador deja caer algo tradicional en tu carta, y, si es al contrario, nunca renuncies a experimentar cosas nuevas. Que en tu casa nunca falte el equivalente al I+D de otras empresas. Aquí podríamos llamarla I+T: investigación más tradición. No son excluyentes. Más bien son complementarias.

Hoy en día no hay distancias. Puedes recibir casi cualquier producto del mundo te encuentres donde te encuentres, pero la base de la carta

**La base de la carta de un restaurante debe estar bien cimentada con productos de la tierra.**

de un restaurante debe estar bien cimentada con productos de la tierra. Por cultura, por calidad y porque, al estar muy cerca del lugar en que se cocinan, estarán menos manipulados y más en sazón.

La cocina de hoy en día, sea clásica o moderna, huye de salsas abigarradas que disimulan el sabor de los platos. Las recetas se aligeran de grasas y de especias; sin que pierdan el sabor original, pero menos contundentes y rotundas. La cocina está ganando en matices y sutilezas.

Salazones, ahumados, escabeches... son los sistemas de conservación de antaño que ya sólo tienen razón de ser como exquisiteces culinarias, por eso son mucho más ligeras. La refrigeración y la conservación al vacío han sustituido estos sistemas y han refinado el gusto.

Hoy sería impensable una cocina como la romana en la que el gárum era ingrediente casi imprescindible en cualquier casa con ciertas pretensiones. El gárum era el resultado de hacer fermentar y secar al sol las vísceras de los peces mezcladas con otros más baratos, machacados, que nadie los quería. Por seguir con Roma, el vino lo «aliñaban» con miel, canela y especias y los guardaban en ánforas que se conservaban más o menos calientes en los soberaos de las casas junto a la chimenea. Vamos, que los «Vega Sicilium» de la época debían ser unos brebajes de mucho cuidado.

Para los pocos ratos libres que te dejará el montaje de tu negocio te voy a recomendar dos libros que te darán una visión más que completa de la gastronomía española a lo largo de la historia: *Historia de la Gastronomía Española* de Manuel Martínez Llopis (Alianza), y la amenísima y muy ilustrativa *Tumbaollas y Hambrientos* de Juan Eslava Galán (Plaza y Janés).

Hablando de libros; no dejes pasar nunca la oportunidad de comprar alguno que te interese sobre cualquier tema culinario. Es muy bueno ir haciéndote poco a poco de una buena biblioteca gastronómica. A los clientes les gusta mucho que les expliques el origen y procedencia de cada plato.

Además de la carta puedes (casi debes) tener al menos un par de recomendaciones diarias. Ello da sensación de que siempre se está haciendo algo. También es un alivio para los clientes muy asiduos, pues así no tienen por qué ceñirse exclusivamente a la carta. Y, además, esos platos recomendados se «cantan», es decir, se le explican al comensal oralmente, lo cual da más opciones a la hora de explicar cómo están elaborados y ayuda a crear esa **corriente cliente-camarero** que es **IM-PRES-CIN-DI-BLE** en cualquier negocio. No conozco bar, mesón o restaurante (como Dios manda, los McDonalds y similares no cuentan) que sobreviva si los clientes van por una parte y el personal por otra.

Siempre es bueno tener algunos menús a precio fijo aparte de la carta que te serán muy útiles a la hora de aceptar reservas de muchos comensales o para clientes que tengan un presupuesto cerrado y no puedan o no quieran salirse de él.

Otra opción que va muy bien es la de pactar con el cliente el precio de la comida o cena. La casa se encarga de preparar los vinos, postres y unos aperitivos comunes para todos, y el plato principal puedes darlo a elegir entre varias opciones sobre la marcha. En este caso es muy importante que los platos sean de los que habitualmente tengas en la carta, para que los que sobren tengan salida segura. Sin embargo, puedes dejar volar tu imaginación para los aperitivos, y será un valor añadido a tu menú.

**Otra opción que va muy bien es la de pactar con el cliente el precio de la comida o cena.**

Se pueden elaborar menús de todos los tipos: de maridaje (palabra que se ha puesto de moda y que va camino de hastiar por su abuso) de varios vinos cada uno con su plato. De varios platos con un mismo vino. De platos todos ellos de la misma región. De alimentos con denominación de origen. De cocina de Cuaresma... De todo. Porque todo vale. Te insisto en algo que ya te dije antes: El público va a comer a un restaurante para disfrutar o para quedar bien; y todo lo que influya en ello es un punto positivo para ti.

Todo ese bagaje que te va quedando al componer los menús y las nuevas cartas puedes almacenarlo para usarlo más tarde en organizar jornadas gastronómicas y cosas por el estilo, pero de ello ya hablaremos en el capítulo dedicado a promoción y publicidad.

• • • • • • VII • • • • • •

# La carta de vinos

# VII

# La carta de vinos

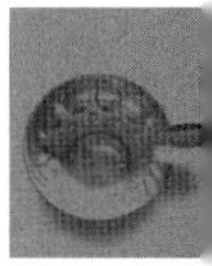

Si hay algo que haya cobrado especial protagonismo en los últimos años en los restaurantes, ese algo es sin duda el vino. Cada vez hay más y mejores vinos españoles, y digo españoles porque no sé casi nada de los de fuera, pero, por lo que escucho, la «revolución» enológica que está teniendo lugar en España es única.

**Cada vez hay más y mejores vinos españoles.**

Quiero hacerte hincapié en el título de este capítulo: «carta de vinos» con ese, en plural. Y si en una comida hay aperitivo, comida propiamente dicha, postres y sobremesa, hay vinos para todas y cada una de esas etapas; así que vamos a hacer una carta que lo refleje. Tenemos la falsa impresión de que lo habitual es comer con un solo vino, pero en aperitivos y postres solemos beber diferente que con el plato principal. Párate a pensarlo despacito.

**Vinos de aperitivo.**

Con todos mis respetos para los demás, en este apartado reina con todas las de la ley el jerez. Los que me conocen saben del empecinamiento de un servidor con esta joya enológica única en el mundo. Y, a la hora del aperitivo, los jereces que mejor van son olorosos, amontillados, finos, manzanillas, e incluso mediums. Son perfectos para ensaladas, fritos, chacinas o marinados. Un buen foie con un pale cream son el matrimonio perfecto.

Los vinos de jerez son vinos cálidos que invitan a la conversación.

Otros vinos generosos los hay en Málaga, en el Condado de Huelva y en Montilla-Moriles, unos grandes desconocidos que tienen mucho que aportar.

Cavas y champanes no deberían faltar en la carta de aperitivos, aunque con ellos nos encontramos con el inconveniente de que aún no está resuelto al cien por cien el problema de la pérdida de gas. Desde aquí reivindico el formato «benjamín» (dos copas) en espumosos de calidad.

Vermús, bitters y cervezas son también un comienzo perfecto para una buena comida, sobre todo estas últimas, que se están quitando a marchas forzadas la coletilla de «fresquitas» para dar paso a todo un abanico de diferentes sabores, maltas y tostados que las hacen acompañar bien incluso a algunas carnes.

**Los pequeños detalles contribuyen a fidelizar los clientes mucho más de lo que tú te imaginas.**

En España no hay tradición de comenzar la comida o cena con un combinado tipo dry martini o gin tonic pero no es demasiado extraño que en alguna mesa donde haya un anglosajón te lo pidan. Sírveselos como mandan los cánones. Esos pequeños detalles contribuyen a fidelizar los clientes mucho más de lo que tú te imaginas.

### Vinos para la comida propiamente dicha.

Ahora toca que medio se enfaden conmigo mis amigos de Jerez, Sanlúcar y catalanes productores de cava, pues ellos siguen empeñados en que sus vinos valen perfectamente para toda la comida. No seré yo quien les lleve la contraria, pero siglos de cultura no se cambian en un cuarto de hora, así que en este capítulo hablaremos de blancos, tintos y rosados.

Los blancos andan luchando por quitarse de encima aquella borrachera de éxito de hace unos años protagonizada por los vinos jóvenes y afrutados. Un feliz descubrimiento que acabó por empalagar y por eclipsar a otros grandes vinos blancos que no sucumbieron a la dictadura del mercado. Hoy conviven ambos en nuestras cartas y, si me apuras, vuelve a estar de moda la madera en los blancos.

**Los vinos de tu carta tendrán que llevarse bien con tus recetas.**

Es de perogrullo que los vinos de tu carta tendrán que llevarse bien con tus recetas. Deberás seleccionarlos con buen criterio y mejor puntería según denominaciones de origen, variedades de uva y tipo de fermentación. Claro que también puedes optar por tener una enorme carta de vinos con infinidad de marcas. Es cuestión de espacio y talonario; pero ni los metros cuadrados ni el dinero podrán hacer que tus vinos roten lo suficiente, algo primordial en una buena bodega.

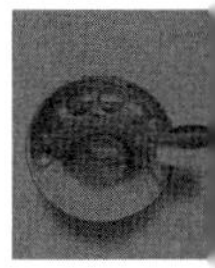

Escoge vinos muy diferentes entre sí. Haz que la oferta sea variada. Sírvelos a la temperatura adecuada. Y si un vino se atasca y no sale, sácalo de la carta inmediatamente.

Ya hace tiempo que eso de los blancos para los pescados y los tintos para las carnes dejó de tener sentido. Hoy en día hay blancos con madera con potencia suficiente como para aguantar carnes blancas y aves.

Si puedes conseguir que la cámara de los vinos blancos y rosados tenga las puertas de cristal, mejor que mejor, así podrás localizar la botella adecuada antes de abrirla. Y cuando repongas vino en ella, no olvides poner la botella nueva detrás de la fila correspondiente. Evita a toda costa que se queden antiguas en la cámara. Y esto es válido para todos los embotellados que se conserven en frío.

**Haz que la oferta sea variada y sírvelos a la temperatura adecuada.**

Los rosados han sido y siguen siendo los patitos feos de las cartas de vinos. Son la generación perdida. Ni chicha ni limoná. Ni fu ni fa. Pero hay grandes vinos rosados en España. Búscalos, inclúyelos y recomiéndalos. Los elaborados con uvas Merlot y Cabernet Sauvignon suelen llevarse la palma. De todas formas nunca está de más tener uno de aguja y otro suavito, de los de toda la vida. Siguen teniendo su mercado.

Y los tintos. Todo un universo de sabores, mezclas, matices, potencias, aromas... Aquí sí que vas a necesitar todos tus cinco sentidos y tu mejor puntería. Querrás tenerlos casi todos. España está viviendo un momento en el que si hoy te dan a probar un vino fabuloso, mañana lo harán con otro mejor. Y así pasado mañana. Y al otro.

Para una primera carta elige las denominaciones de origen punteras y, dentro de cada una de ellas, selecciona bodegas tradicionales y nuevas. Y dentro de cada bodega compra los vinos que más te gusten. Los comerciales de cada casa intentarán que tengas todas sus referencias, es su trabajo, pero tú deberás defenderte como gato panza arriba. Te harán ofertas, lotes, descuentos... Pero tú mejor que nadie sabrás qué vinos deberán estar en tu carta.

**Equilibrio es la palabra clave. Equilibrio en zonas, en bodegas, en precios y en uvas.**

Equilibrio es la palabra clave. Equilibrio en zonas, en bodegas, en precios y en uvas.

Cata todos los vinos que estén en tu carta (poquito a poco, se entiende) y, en una libreta, vas apuntando las sensaciones que te produce cada uno. Olvídate de aromas primarios y secundarios, de notas nasales y demás tecnicismos. Escribe lo que se te ocurra, con tus palabras, y si se te viene a la cabeza, casa ese vino con un plato de tu carta o de fuera de ella. Pero no dejes de apuntarlo todo.

Y hablando de anti-tecnicismos, hace no demasiado, en la presentación de un nuevo vino tinto de una prestigiosísima bodega, la enóloga que se dirigió al público presente para emitir veredicto, dijo que el vino tenía «un precioso color como de ropa interior de señora ligerita de cascos». Dos segundos de estupor y medio minuto de carcajadas siguió a tan particular descripción. ¿Y los socios bodegueros? Pues división de opiniones. Uno decía que había sido una genialidad y el otro que le estaban comparando su vino con las bragas de una pilingui. En fin, cosas de los efluvios.

**Cada vez que un cliente te pida un vino o un licor que no tengas, apúntalo.**

Y ya que hablamos de libretitas, ten otra a mano una vez que abras tu local y, cada vez que un cliente te pida un vino o un licor que no tengas, apúntalo. Si te lo hacen a menudo con una marca, hay que localizarla inmediatamente y comprarla. Tu criterio es primordial, pero nunca iremos en contra del mercado. Y, por supuesto, si un cliente habitual te pide un par de veces una marca que no tienes en bodega, nunca debe llegar la tercera negativa.

Los vinos tintos es imprescindible tenerlos guardados en los armarios o cavas que te permiten servirlos a la temperatura adecuada. Lo de los vinos calientes ha pasado a la historia. El mercado demanda menos temperatura y menos complejos. Manda el gusto y el placer y no hay más cánones que los que uno quiera imponerse. Que sirva esto de aviso a neo-sumilleres impulsivos. Siempre recomendar. Nunca tratar de imponer. El cliente siempre estará un escalón por encima de nosotros.

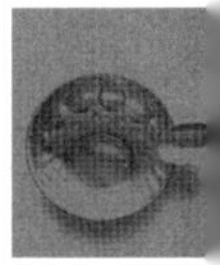

**Vinos de postre.**

**Siempre recomendar. Nunca tratar de imponer. El cliente siempre estará un escalón por encima de nosotros.**

Otro de los capítulos de nuestra gastronomía en auge. Creams, pedro ximénez, moscateles, tokays, sauternes, vinos de hielo, vendimias tardías... Verdaderas maravillas dulces para el postre o la sobremesa. Vinos delicados y con mucha personalidad. Vinos para acompañamientos imposibles (probad unas alcachofas con un moscatel de la Axarquía). Vinos de prestigio. Y vinos muy complicados para nosotros los profesionales porque se venden por copas y, una vez abierta la botella, hay que gastarla rápidamente, pues pierde sus mejores cualidades. Desde aquí voto por la botella de medio litro para estos vinos. Para mí es el formato del futuro.

Estos vinos suelen estar bastante mejor frescos que a temperatura ambiente, así que proveeros de una pequeña cámara para ellos.

**Licores.**

Otro mundo casi infinito. Brandis, rones, whiskies, maltas, orujos...

Vuelta a lo de siempre. No se pueden tener todos, así que comenzad con las marcas líderes e id añadiendo peticiones de los clientes. ¡Ah!, y otra camarita frigorífica más, esta vez de más potencia. Me parece a mí que vamos a tener que ir llamando al frigorista para hacer unos reajustes, ¿no te parece?

**El vino de la casa.**

**No es necesario tener un vino de la casa.**

¿Qué criterio utilizaremos para elegirlo? Para algunos el vino de la casa debe ser el más barato de la carta. Ni muchísimo menos. Pero sí será el que tenga la mejor relación calidad-precio, pues se supone que, al comprarlo en mayor cantidad, nos harán condiciones especiales. Algo muy importante: No es necesario tener un vino de la casa. Tiene sus pros y sus contras. Entre los primeros está el poder quedar bien el cliente con sus invitados a sabiendas de que no será un vino demasiado caro, y entre los segundos que su venta, mayoritaria puede impedir una correcta rotación del resto de la carta.

Si te decides a tenerlo deberás elegir uno acorde a tu estilo de cocina y con una personalidad no demasiado acusada, pues deberá casar bien con la mayoría de los platos de tu carta. Ten en cuenta que en una mesa en la que servirás cuatro o cinco recetas todos la acompañarán con el mismo vino; y no siempre es tan fácil elegirlo.

**Stock.**

Para decidir qué cantidad debes tener en tu bodega de cada vino deberás saber antes la periodicidad con que vas a comprar. Lo ideal es hacerlo semanalmente y **directamente a los distribuidores oficiales**. No te creas que es cuestión baladí. Recibirás muchas y variadas ofertas de grandes superficies y mayoristas con unos precios que te harán pensar, pero, ¿sabes tú por qué esos precios u ofertas? ¿Quién te asegura que esas botellas han estado bien cuidadas o que no llevan meses en almacenes inadecuados? A veces (la mayoría) el precio no lo es todo. Las garantías y el buen servicio también cuentan. Pacta con estas empresas oficiales condiciones de compra y de pago. Ya hay muchos vinos que se sirven en cajas de seis botellas, con lo cual el desembolso inicial y el mantenimiento se suavizan. E incluso hay distribuidoras que sirven por botellas. Con los programas informáticos de gestión específicos para hostelería que hay hoy en día te será mucho más llevadero ese control para pedir semanalmente. Excepto contadísimas excepciones, entre seis y doce botellas por marca suele ser suficiente para un restaurante medio con una carta de unas 50/60 referencias.

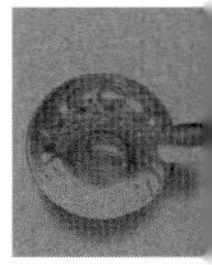

Guarda espacio en tu bodega para hacer acopio de algunos vinos que escasean en el mercado o que sólo te venderán una vez al año (vinos de cupo) y que suelen ser imprescindibles.

**Pacta con estas empresas oficiales condiciones de compra y de pago.**

Elige bien la ubicación de tu bodega, lejos de ruidos, luz y cambios bruscos de temperatura.

Recuerda que no sólo de tinto vive el hombre y que deberás tener tantos modelos de copas como sea necesario, aunque de esto ya hablaremos en el capítulo dedicado a la cristalería, pero, por si acaso, dile al carpintero que te vaya preparando un par de estantes más.

Intenta dar en la carta de vinos la mayor información posible sobre cada uno de ellos, pero no entres jamás en detalles o descripciones organolépticas, pues éstas variarán antes de lo que te imaginas. No olvides que el vino es algo vivo en continua evolución y, desde que la botella entra por tu puerta hasta que se le sirve a un cliente pueden pasar meses; y lo que tú probaste recién llegado no tendrá nada que ver con lo que estás sirviendo en este momento.

Indica en tu carta marca, añada, bodega, zona vinícola o denominación de origen, tipo de uva y mezcla de éstas, tipo de maceración o de fermentación y clase de madera en la que ha envejecido. Con esos datos ya puedes presumir de carta de vinos. Y no olvides poner en ella todas las referencias. Ya sabes que lo que no se ofrece no se vende. Todos los datos necesarios deberán proporcionártelos las distribuidoras, pero, en caso contrario, las bodegas tienen muy buenas páginas webs en internet.

**Lo que no se ofrece no se vende.**

Las diferentes guías de vinos también son una buena fuente de información y, si de catas se trata, en www.verema.com las tienes a miles. Por falta de datos no va a quedar.

Intenta negociar con alguna distribuidora con muchas marcas que te financie la carta de vinos a cambio de poner sus marcas las primeras de cada sección, o con un tipo de letra un punto mayor que las demás. Sacacorchos y decantadores suelen correr también por cuenta de las bodegas. Menos da una piedra.

**Nunca compres por impulso. Si tienes dudas date un par de días para responder a una oferta tentadora.**

Y vete haciendo a la idea de soportar un verdadero aluvión de catas, presentaciones, novedades, promociones, etc. etc. Y lo peor de todo es que serán interesantísimos, pero no tendrás tiempo para ir a la mayoría de ellos.

Nunca compres por impulso. Si tienes dudas date un par de días para responder a una oferta tentadora.

Y ahora, por un momento, abre una botella y brindemos por el éxito de tu empresa. ¡Salud!

Cuando abrí mi restaurante guardé en un nicho, sobre la puerta de entrada, unas cajas de buen vino para bebérmelas con mi equipo y mis mejores clientes a los diez años de haber abierto. Cada vez que cundía el desánimo o las cosas se torcían las miraba de reojo y me decía a mí mismo: «Déjate de tonterías que aún te queda mucho». Por fin, el 31 de octubre de 1989 se cumplió la fecha y las bajamos. Nos bebimos cincuenta y cuatro botellas nada menos que de Imperial C.V.N.E. de 1970 y, gracias a Dios, faltó vino; tantos fueron los amigos de esos primeros diez años.

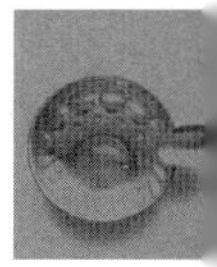

• • • • VIII • • • •

# *El mobiliario*

# VIII

# El mobiliario

Como la cosa va viento en popa y el proyecto sólo ha tenido que modificarse sobre la marcha siete veces, va siendo hora de ir pensando en el mobiliario, que después ya sabes lo que pasa. ¿Recuerdas la teoría de mi amigo?

—¿Las sillas? Pues en seis o siete semanas están servidas.

—$6 + 7 = 13$.

—En quince o veinte días tiene usted las mesas terminadas.

—$15 + 20 = 35$.

Comencemos por las sillas. Evidentemente el modelo tendrá que ir acorde con la decoración y ambientación del local, pero hay varios detalles que son imprescindibles.

Deben ser cómodas. El respaldar ni muy recto ni demasiado oblicuo. Si optas por la versión con brazos, ten en cuenta que hay personas más anchas que las demás y puede llegar a ser un problema que entren cómodamente en ese espacio, así que ten varias sillas sin brazos.

Intenta probar los modelos que más te gusten, pero no sentarte y levantarte inmediatamente, sino estar sentado por lo menos quince o veinte minutos.

Las hay de una sola pieza curva que, en cuanto te escantillas, te resbalas hacia delante.

Las hay con las patas traseras hacia fuera, con lo que ganan en estabilidad, pero «zancadillean» a los camareros.

Las hay con unos tapizados fantásticos que se manchan sólo con mirarlos.

También las hay con asientos duros que te dejan el culo cuadrado. O demasiado blandos y parece que estás hundido.

Las hay altas.

Las hay bajas.

Las hay con unos espaldares tan altísimos que no hay camarero que pueda pasar los brazos entre ellos para servir a la mesa. Las más espectaculares de estas últimas las vi en Glasgow. Son las famosas sillas diseñadas por Mackintosh para el Willow Tea Room. Más de dos metros y medio de altura de espaldar de diseño geométrico que construyen prácticamente una celosía entre una mesa y la de al lado. Cada mesa es prácticamente un comedor privado. Eso sí, las camareras te dejan tazas y platos como pueden en las esquinas de las mesas, que es lo único que dejan visible de ellas esas esculturas de madera.

**Las sillas deben ser cómodas. El respaldar ni muy recto ni demasiado oblicuo.**

Ahora, que para sillas originales las primeras que tuve en mi restaurante. Las eligieron entre mi padre, mi suegro —que fue también el contratista de la obra— y el perito/decorador. Se fueron a comprarlas a una fábrica de Benamahoma, un pueblecito de la sierra de Grazalema en Cádiz. Eran bonitas, pero castellanas, castellanas. Aquellas sillas tenían palitroques torneados por todas partes. Los asientos tapizados de pana color caldera tornasolado tenían muelles y relleno para tres o cuatro sillas cada uno. Estabas comiendo y parecías un caballito balancín: arriba y abajo; arriba y abajo... Pero la mayor originalidad de las susodichas era un efecto secundario de sus espaldares. Yo tenía ganas de perderlas de vista, pero no fue así hasta que mi entonces novia —hoy mi mujer— me dijo:

—Enrique, ¿ninguna señora te ha dicho nunca nada de las sillas?

—Pues no, ¿qué les pasa?

—¿Que qué les pasa? Pues que cada vez que me echo para atrás se me suelta el cierre del sujetador.

—¡Anda ya!

—¿Anda ya? Pues mira aquella señora que sube a los servicios con los brazos cruzados. ¿Qué te crees que van sujetando?

Aquel mismo verano fueron sustituidas.

También cambiamos entonces las mesas, que eran primas hermanas de las sillas y del mismo origen. Eran del famoso modelo San Antonio. Quintales de madera por arriba y por abajo con hierro de fundición como apoyo. Te sentabas a la mesa y no sabías qué hacer con las piernas. Ni te cabían, ni podías estirarlas, ni echarlas para el lado. Aquello no eran mesas, eran cepos. Y lo peor de todo de nuevo para con las señoras. Clienta que se sentaba clienta que salía con una carrera en las medias. Si no era el travesaño era el tornillo, y si no el hierro, y si no lo que fuera.

**Elige mesas de tableros amplios y sin escuadras o maderas por abajo, que entre pata y pata no haya obstáculos.**

Con las nuevas no tuvimos ningún problema. Pura simpleza, que para eso están vestidas hasta el suelo.

Elige mesas de tableros amplios y sin escuadras o maderas por abajo, que entre pata y pata no haya obstáculos. Fórralos de tela enguatada y plástico. La primera para que al servir el plato sobre ella no suene y el segundo para evitar que algún líquido derramado empape la primera y huela. Hoy en día creo que ya hay en el mercado un producto que aúna ambas propiedades.

**Imprescindible: la relación entre las alturas de mesas y sillas debe ser la correcta.**

Redondea un poco los cantos, las caderas de tus camareros te lo agradecerán.

Un comedor con mesas de diferentes formas y tamaños queda precioso, pero ten en cuenta el desbarajuste que eso supone, pues tendrás que disponer de diferentes tamaños de manteles; y el problema que te puedes encontrar cuando tengas que unir dos o más mesas para reuniones algo mayores y sus formas no coincidan. De todas maneras te recomiendo que pongas un par de mesas redondas de seis comensales en algún rincón. Te garantizo que serán las más recomendadas. En una mesa redonda todos ven la cara de los demás.

Imprescindible: la relación entre las alturas de mesas y sillas debe ser la correcta. Y dicha medida nos la dan los antebrazos, que deben apoyarse cómodamente en el filo de la mesa estando sentados sin que la espalda se curve hacia delante.

Además de mesas y sillas un comedor también tiene otro mobiliario, por ejemplo aparadores donde colocar vajilla, cristalería y cajones para los cubiertos, etc. Si puedes colocar dos pequeños en lugar de uno enorme, mejor. Cuanto más a mano tenga el camarero lo que busca antes lo recibirá el cliente.

No mezcles demasiados materiales en el mobiliario. Son una parte de tu restaurante, no el protagonista. Deja ese papel a lo gastronómico.

Un elemento reciente de este apartado son los armarios de vino o enotecas. Si van a estar a la vista del cliente deberás prestar más cuidado a su aspecto. Si son de madera procura que el color de ésta sea lo más parecido al del resto. Y si no es el caso, cuanto más desapercibido pase el mueble, mejor. Que los clientes se fijen en las botellas más que en el continente.

**No mezcles demasiados materiales en el mobiliario. Son una parte de tu restaurante, no el protagonista. Deja ese papel a lo gastronómico.**

Si el local que elegiste tiene techos muy altos, un gran aparador puede ser el protagonista de la decoración. Tiene el inconveniente de que, al ser muy alto, los estantes superiores los desaprovechas para el uso diario, pero pueden ser un espacio perfecto para colocar piezas decorativas de calidad o, incluso, alguna planta; siempre natural, eso sí.

Mesas, sillas, mesitas auxiliares y demás, las hay con ruedas en dos de sus patas. Este detalle las hace mucho más fáciles de mover, sobre todo si el suelo está alfombrado o enmoquetado, superficies sobre las que arrimarte o separarte a la mesa puede llegar a ser harto complicado. De todas maneras suele ser opción más típica de hotel que de restaurante.

Si vas a tener barra (te lo recomiendo, y si tiene algo de tapeo mejor que mejor), pon taburetes y sé igual de perfeccionista con su altura y la de la barra, al igual que hiciste con mesas y sillas. Y la **barra siempre con reposapiés.**

Recuerda que tu barra será tu mejor tarjeta de visita.

**Recuerda que tu barra será tu mejor tarjeta de visita.**

• • • IX • • •

# La vajilla

# IX

# La vajilla

¿Clásica o moderna? ¿Loza o porcelana? ¿Lisa o decorada? Tres preguntas sin respuesta cierta y trescientas mil más que se te pueden ocurrir sobre la marcha.

La oferta del mercado es casi infinita. Verás platos que te enamorarán. Dudarás hasta exasperarte contigo mismo y, cuando ya creas que tienes la decisión tomada, caerá en tus manos otra revista o catálogo que te romperá de nuevo los esquemas. Así que antes de analizar los pros y los contras de cada modelo o tipo, me vas a permitir que te cuente mis experiencias «vajilleriles» por si puedes sacar alguna conclusión de ellas.

Mis comienzos fueron por el año 1979 y, por aquella época, los platos eran todos redondos.

—Hombre, alguna fuente oval sí que habría, digo yo.

—Vale, admitimos fuente oval como plato.

Los había llanos, hondos, de pan y de postre, amén de los que hacen juego con las diferentes tazas. Y sanseacabó. Nada de platos especiales para deconstrucciones y demás zarandajas. ¡Ojo! Que admiro muchísimo a los artistas de los fogones que son capaces de descomponer y recomponer un guiso en menos que canta un gallo. Son unos artistas. Unos números uno. Pero estamos intentando montar un restaurante, no un circo, dicho sea en el sentido más artístico de la palabra.

**Estamos intentando montar un restaurante, no un circo.**

El caso es que, a final de los ochenta, aún teníamos la bárbara costumbre de tomarnos la sopa en plato hondo y no en chupitos, y no había tánto donde elegir como ahora. Yo me decanté por una vajilla de loza amarilla que me personalizaron con un fino filete azul cobalto, otro dorado y el nombre del restaurante enmarcado en una orla preciosa. Nunca me arrepentiré lo suficiente de haberla elegido.

Era una preciosidad, pero, al poco tiempo, nos dimos cuenta que, al más mínimo golpe, los platos se desportillaban lo justo como para no poder volver a usarlos.

Lo que os voy a decir es una tontería, ya lo sé, pero veréis cómo os sucede lo mismo. Cuando un plato se parte no pasa nada, son gajes del oficio, se tira, se repone y santas pascuas. Pero cuando salta una lasquita del borde, da pena tirarlo y se guarda en un rincón del almacén, como esperando que el trozo que falta crezca por generación espontánea. Ilusos. Va pasando el tiempo y, si la vajilla es frágil, va creciendo la pila de platos desconchados y mermando la de los nuevos. Cuando quedan cuatro o cinco de los últimos vuelves desesperado a la de los averiados y los repasas uno por uno; por si los milagros, pero que si quieres arroz, Catalina. Coges el teléfono, pides repuestos, y preparas el talonario.

**Cuando un plato se parte no pasa nada, son gajes del oficio, se tira, se repone.**

Dos años aguanté así, porque la loza de mi primera vajilla resultó ser de las de mírame y no me toques. Hasta que un día me percaté de que ni mi cuenta corriente ni las estanterías del almacén daban más de sí. Y le dije adiós a aquella especie de mala mujer hecha vajilla que me enamoró al primer golpe de vista y casi me arruinó.

La segunda también fue de loza, pero no hubo manera de desportillar ni un solo plato. La ley del péndulo funcionó a la perfección y pasé de un extremo a otro: La top model amarilla de filetes cobalto y oro dejó paso a una chica de barrio blanca mate con ancha banda marrón y bordes súper reforzados. Honesta y fea, pero práctica. Hubo que apañarse. No había dinero para más y no estaba dispuesto a oír los cantos de otra sirena hecha vajilla.

Duró bastante más que la otra, pero la llegué a odiar igual. Había conseguido desmantelar el mobiliario de mesón de mi restaurante pero di un paso atrás en la loza.

**La vajilla: equilibrio entre belleza y dureza.**

En cuanto pude me entrampé para que el péndulo siguiese cumpliendo su ley y se detuviese en el punto justo: Equilibrio entre belleza y dureza. El cambio me supuso algo más de dos millones de pesetas de los de hace dieciocho años, pero mereció la pena. Aún le soy fiel al modelo: Porcelana blanca inglesa decorada con una greca en tonos rojos y dorados. Tan devoto pienso seguir siéndole que, hace unos seis o siete años, mi amigo y ya cotizado pintor Javier Velasco sacó unas plantillas del decorado de la vajilla y lo calcó en una de las paredes del comedor de la primera planta.

Es, además, una vajilla que ha ido creciendo en modelos de platos adaptándose a las nuevas necesidades de un restaurante.

Ahora es más complicado elegir. Hay mucha más oferta. Platos cuadrados, oblongos, rectangulares, triangulares... Sin embargo se arriesga menos. Nadie ve mal que en un restaurante convivan varios modelos y formas de platos, al contrario, queda incluso bonito, con lo que te puedes permitir el lujo de poner un plato de presentación fantástico de la muerte sin necesidad de entramparte hasta las cejas hasta completar la vajilla toda igual. Y si vamos a hablar de platos de presentación impresionantes, aquí están los *Cartier* del restaurante Atrio de Cáceres. Aunque el contenido los supere con creces.

**Nadie ve mal que en un restaurante convivan varios modelos y formas de platos.**

Ten en cuenta que una vajilla con aristas se picará antes que una sin ellas. Que los elementos decorativos tipo asas y similares tienen una fecha de caducidad mucho menor. Que otros elementos decorativos, los de color, deben ser resistentes al lavavajillas. Que los detergentes líquidos son menos abrasivos que los que vienen en polvo. Pide muestras de platos y de productos lavavajillas y pruébalos sin piedad a ambos.

Si vas a usar al alimón platos de diferentes modelos y materiales vas a necesitar mucho más espacio en cocina, para emplatar, y en los aparadores del comedor para apilar. No debes abusar de la mezcla, puede resultar caótica.

Menos mal que ya pasó aquella época de vajillas recargadísimas con dibujos de flores y ramajos de todos los colores imaginables que sólo servían para disimular y entorpecer la decoración natural de lo bien cocinado.

**Asegúrate (si puede ser por escrito, mejor) de que el modelo elegido va a seguir fabricándose durante bastantes años.**

Asegúrate (si puede ser por escrito, mejor) de que el modelo elegido va a seguir fabricándose durante bastantes años, no vayas a quedarte desaviado de repuestos en el primer cuarto de hora. Con respecto a esto debo decirte que las colecciones de vajillas para hostelería son bastante más longevas que las de hogar. Si te sientes tentado por alguna de estas últimas, bien por precio o bien por belleza, ya sabes a lo que te arriesgas. Claro que esta circunstancia puedes aprovecharla de otra manera: comprando a muy buen precio **restos de serie** de modelos que ya no se fabrican y usándolos para una sola de las recetas de la carta; o sea, el plato del foie, o el del jamón, o el de la tarta de chocolate. No olvides que un restaurante siempre debe tener un punto de diversión.

¿Mi plato ideal? Redondo. Grande. De porcelana blanca. De ala ancha. Y bien limpio.

# X

# *La cristalería*

# X

# La cristalería

Con el cristal pasa tres cuartos de lo propio que con la loza, que te puedes volver loco ante la cantidad y la calidad de la oferta actual. Sentirás la tentación de tener una copa casi para cada vino, pero tendrás que ir a lo práctico.

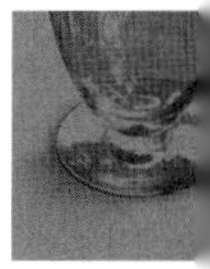

Copas hay para todo, pero se supone que, a estas alturas, ya sabrás el tipo de restaurante y de cocina que vas a trabajar así como los vinos que vas a tener en la carta. Cíñete pues a esos datos.

En el aperitivo es muy importante la elección del catavino para el jerez. Es una copa genuinamente española; probablemente la que más. Últimamente el consejo regulador de dicha denominación de origen ha seleccionado un nuevo modelo oficial de boca un poco más ancha que, la verdad sea dicha, le sienta al vino de maravilla.

**La forma y el material de la copa son vitales para el buen sabor del vino.**

Permitidme un inciso. La forma y el material de la copa son vitales para el buen sabor del vino. Esta afirmación parece obvia, pero os asombrará el desconocimiento general sobre el tema. No se trata sólo de que la copa sea más o menos grande; la calidad del cristal y la forma son igual de importantes. El sabor de un vino es una información que pasa al cerebro a través del olfato y de las papilas gustativas que se encuentran en la lengua, pero éstas últimas no están repartidas aleatoriamente, sino que cada parte de dicho órgano aloja un grupo diferente; así, el sabor dulce lo detecta la punta, el amargo la parte posterior, y los ácidos y salados los laterales. Esto quiere decir que, dependiendo de la parte de la lengua que entre en contacto en primer lugar con el vino, éste nos dará una primera impresión u otra.

Haced la prueba de beber con diferentes copas y veréis que en cada caso en vino resbala por la lengua de una forma característica. Si son copas de boca muy estrecha instintivamente pondréis la punta de la lengua (sabor dulce) detrás de los dientes inferiores con lo que el vino irá directamente a la «zona amarga», lo cual no ocurre si la boca de la copa es lo suficientemente ancha como para que la lengua no estorbe.

**Dependiendo de la parte de la lengua que entre en contacto en primer lugar con el vino, éste nos dará una primera impresión u otra.**

Elegid una copa de cerveza muy cervecera. A todas no les sienta igual de bien el color amarillo coronado de blanca espuma. Probablemente la marca principal que tengáis os regalará algunas. No comprometeos a usarlas si no estáis bien seguros de que os gustarán. Y no despreciéis la cerveza como una bebida «de segunda», hoy en día la variedad y cantidad de ellas es realmente notable y hay platos que maridan a las mil maravillas con ella. Siempre pongo como ejemplo dos verduras tan difíciles de acompañar como son el espárrago verde y el alcaucil (alcachofa). No hay vino que resista su amargor, pero la cerveza lo realza mientras nos refresca la boca para el siguiente bocado.

También os harán falta vasos bajos y anchos para vermús y bitters y, por qué no, media docenita de copas de cóctel para el dry martini, aunque sólo sea como homenaje a tan mítica bebida. Además, siempre cabe la posibilidad de que alguien os lo pida y si lo servís en su copa quedaréis como dios. Y hay gente para todo, que todavía recuerdo un cliente al que le dio por tomar de aperitivo cerveza mezclada con zumo de tomate a partes iguales. Cuando pasados unos meses dejó de tomarlo me atreví a preguntarle:

—Oye, Antonio, ¿lo de la cerveza con tomate estaba bueno?

—No, ¿pero a que quedaba original?

Lo que os decía: hay gente para todo.

La mesa se suele presentar con copa de vino y copa de agua, aunque hay quien prefiere que se vea más despejada y sólo coloca la de vino cuando el cliente pide la botella. Las dos copas suelen ser diferentes, pero es relativamente habitual usar copas exactas para las dos bebidas.

La copa de agua puede ser un vaso; de hecho en los restaurantes de Italia es algo normal. Es un detalle original, pero el cristal del vaso debe ser de la máxima calidad, si no nos arriesgamos a dar imagen de mesón, como le ocurrió a un servidor de ustedes. Fue otro caprichito del perito-decorador: presentar las mesas con un juego de vasos de duralex color ámbar y servir el vino de la casa en jarras de barro. Súmenle esto a las mesas y sillas castellanas y a los manteles de cuadros rojos y blancos y tendrán ustedes lo más parecido a la venta en la que mantearon a don Quijote pero en pleno Arenal de Sevilla. Cosas que pasan. Evidentemente en cuanto el cliente me pedía el vino se volatilizaban los vasos y salían unas copas preciosas y de buen cristal, pero ya eran ganas de trabajar el doble.

Ni que decir tiene que las copas deben estar brillantes, sin una mota de nada. Para ello es vital utilizar el paño adecuado para secarlas. Debe ser de algodón o, mejor aún, de hilo. Nunca los utilicéis nuevos, lavadlos antes un par de veces para que pierdan el apresto inicial y queden más suaves. Y ojito con lo que laváis esos lienzos. No es nada extraño que los olores de detergentes y desengrasantes impregnen los paños y éstos a su vez las copas, con lo que arruinaríais el vino que en ellas entrara.

**Las copas deben estar brillantes, sin una mota de nada.**

Una costumbre de tabernero antiguo que debería seguir siendo ley es la del paño al hombro y el repaso a todas las copas o vasos justo antes de usarlos. Igual no queda fino para los cánones de servicio actuales, pero no creo que hubiese nadie que protestara por ello, más bien al contrario.

Es una costumbre muy extendida tener algunas (pocas) copas muy especiales para servir los vinos muy especiales. Si os apetece, adelante, pero pensad que siempre habrá alguien en la mesa de al lado que os preguntará por qué a esos señores una copa y a mí otra, y si le contestáis que por lo especial del vino, podría interpretarse como que en tu restaurante hay clientes de primera y de segunda. Piensa bien en esto antes de decidirte.

Igual que te decía con los platos a la hora de reponerlos te digo con las copas: escoge marcas con años de mercado, fáciles de encontrar en tu ciudad, y modelos que te garanticen varios años de existencia en el mercado. No hace mucho cambié mi modelo de copa de cerveza de años porque se había dejado de fabricar, no fui lo suficientemente precavido, escogí una de poca difusión en España por aquello de ser original y tuve que volver a cambiar a los pocos meses pues no llegaban repuestos.

**Si te es posible, ten un aparato sólo para las copas.**

Ten en cuenta la altura de las copas a la hora de escoger lavavajillas; las hay tan exageradas que no caben en los pequeños. Si te es posible, ten un aparato sólo para las copas. Ocupan poco lugar y no valen tan caros. Ganarás en la duración del brillo y la vida del cristal. Usa detergentes y abrillantadores líquidos, son menos abrasivos. Y **¡Ojo al carmín!** Cada vez los hacen más persistentes y difíciles de quitar.

Así como los platos, las copas se pican, y lo hacen por el borde o por la peana. Por muy imperceptible que sea el daño, fuera esa copa. Os ocurrirá bastantes veces y se os retorcerán las tripas al pensar cuánto dinero va a la basura, pero haced corazón de esas tripas y poned vuestro orgullo profesional antes que nada. Recordad que **sólo los buenos perduran**. Es duro, incluso algo injusto, pero la Naturaleza tiene sus leyes y son implacables: los débiles se quedarán a mitad del camino.

Con todo lo que os estoy diciendo estaréis pensando en que al personal hay que hacerle ver el mimo y el cuidado con el que hay que tratar todo lo frágil. Y así es. Os cuento algo que vi en el Hotel Santa Catalina de Las Palmas una vez que fui allí a hacer una semana gastronómica (por cierto, nos trataron como a reyes; el mito de la hospitalidad canaria está más que justificado). El caso es que en la cocina de dicho hotel, justo en el torno, donde los cocineros entregan a los camareros los platos para servirlos, hay un gran panel de madera con todas y cada una de las piezas de loza, cristal y acero del menaje con su correspondiente precio en grandes números. Todos están perfectamente concienciados de que trabajan con un material de primera pero que eso tiene su costo.

XI

# *La cubertería*

# XI

# La cubertería

Ya llegamos a los cubiertos, y con ellos terminamos de hablar sobre el servicio de mesa.

Calidades hay muchas, pero yo las reduciría a tres: acero inoxidable, alpaca plateada y plata.

Sobre las dos segundas voy a contarte muy poco: que son un signo de lujo, muy caras y muy difíciles de cuidar. Si no estás pensando en un restaurante verdaderamente epatante te aconsejo que te centres en el acero inoxidable: limpio, con miles de diseños y eterno.

Tampoco te recomiendo que combines materiales con el acero. Los mangos de madera, resina, plástico y demás, son muy bonitos al principio, pero se deterioran con facilidad y las juntas de los dos materiales pueden ser fuente de suciedad e incluso de infecciones.

Dependiendo de las especialidades de tu restaurante deberás cargarte más de cubiertos de carne o de pescado, pero, en cualquiera de los casos, con la moda actual de tapitas previas y aperitivos al centro, hay que cambiar la mesa varias veces de platos y cubiertos, y eso obliga a un mayor stock de ambos.

**Céntrate en el acero inoxidable: limpio, con miles de diseños y eterno.**

Aparte de los consabidos de carne, pescado, postre y tal, hay piezas muy específicas que sólo valen para una cosa. Es el caso de las cucharillas para moluscos, las pinzas para crustáceos o el pincho-cucharilla para esos mismos bichos. Además, los últimos «popes» de la gastronomía mundial, que son españoles, se están encargando de ampliar el catálogo con concesiones a la galería tipo «tenedor para ensalada con pinza adosada» para que, mientras te comes el verde, te restriegues por las narices un puñado de hierbas aromáticas (es perfecta para alérgicos, antier por la mañana). O «cucharilla-colador» para comerte los cereales primero y la leche restante después. Estos «inventos del TBO» en plan neogastronómico... pues, qué quieres que te diga... Que más vale picarle la yerba a la ensalada y que para tomarse esa porquería súper azucarada importada de los USA en vez de una buena tostá con aceite, no merece la pena que «reinventen» el cucharón que hemos usado toda la vida de Dios en Andalucía para sacar las aceitunas de las orzas.

Sé práctico en la elección sin renunciar a la belleza. Formas elegantes y pocas estrías o relieves te garantizarán que no pase de moda rápidamente y que se mantenga impoluta.

Ten cuidado que las hay tan, tan modernas, que cuando las apoyas en el borde del plato entre bocado y bocado, saltan y ponen mantel y corbata perdidos.

A la hora de presentar la mesa, la colocación y disposición de los cubiertos varía mucho si es a la carta o un menú concertado. En el primer caso se suele montar con cubierto trinchero o, simplemente, con la pala de mantequilla, pero como, afortunadamente, cada vez somos más los que ponemos aceite virgen extra en vez de la amarillenta pasta, pues igual puedes presentar la mesa con ausencia total de cubertería.

**Sé práctico en la elección sin renunciar a la belleza.**

Si es un menú preestablecido puedes optar por colocar todos los cubiertos necesarios para él. Eso sí, deberás contar con que no todos los comensales han visto *Pretty Woman* (siempre de fuera hacia adentro) y que, en algún momento tengas que reponer alguna pieza mal utilizada. Ten bien aleccionado a tu personal para que, si esto sucede, completen la mesa rápida y discretamente y, por supuesto, sin comentarios, no les ocurra lo que a una camarerita novata en una boda de postín, en un restaurante de postín, con un menú de postín y con una invitada de no menos categoría: una señora propietaria y alma máter de uno de los bares flamencos más famosos de Sevilla, pero con más mala lengua que un arriero. El dialogo fue más o menos así a hora del postre:

—Señorita —dice la invitada—; me trae una cucharilla para el helado, por favor.

—En seguida señora —responde la camarera—. Si no la hubiera usado usted antes para otra cosa…

**Nunca dejes en evidencia a un cliente. Sonríe y, mientras vas de vuelta…**

—¿Cómo dice usted, se-ño-ri-ta? —le replicó la invitada con un tono de voz digamos que… pelín hosco.

—Pues que si no la hubiera usado usted para el consomé ahora tendría…

Y esa señora que se pone de pie apoyando ambas manos en el tablero de la mesa y que, mirando fijamente a los ojos a la pobre camarera que comprendió demasiado tarde su error, le dijo masticando las palabras:

—Mira, *sohijalagranputa*: cuando tu madre todavía no te había *echaoporcoño*, en mi casa ya nos servía un camarero con guantes blancos. Y si yo te pido una cucharilla es porque no estaba desde el principio. Y como no te aligeres y se me derrita el helado te voy a…

La pobre camarera ya no oyó nada más: corría y corría sorteando mesas como alma que lleva el diablo en busca de la dichosa cucharilla.

Nunca dejes en evidencia a un cliente. Sonríe y, mientras vas de vuelta para volver a ponerle ese «café cortado con mucha leche» o «una copita de Rioja de la Ribera del Duero» (totalmente verídicas ambas frases) te vas acordando de paso de toda su parentela con el más amable de tus gestos.

## XII

# *La mantelería*

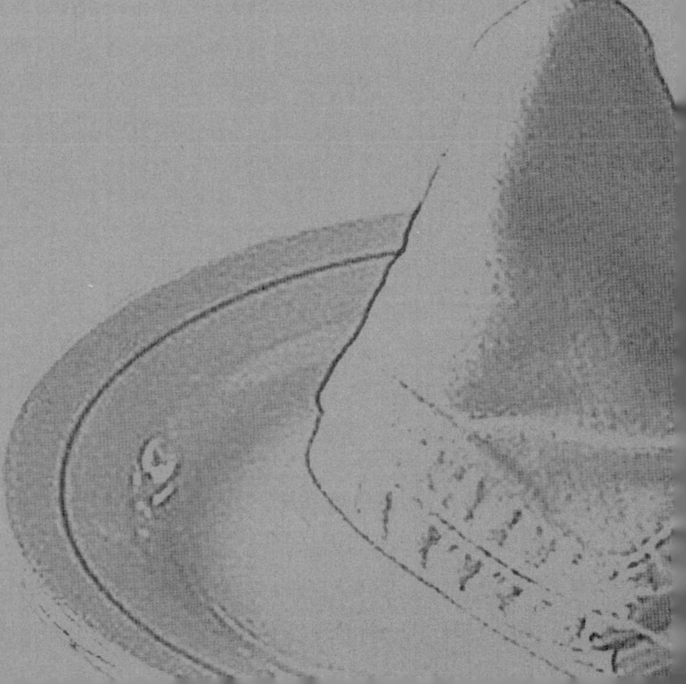

# XII

# La mantelería

**El blanco resalta todo lo que está a su alrededor, y lo realmente importante de toda la mesa es el contenido del plato.**

Aquí nos enfrentamos a otro de los capítulos más delicados de esta guía.

Antes que nada tendremos que decidir cómo queremos vestir nuestras mesas, si a la manera clásica con mantel y cubremantel o preferimos resaltar la tapa de la mesa (si ésta es de calidad u original) con manteles individuales o tiras largas de tela cruzadas.

Particularmente considero que la mesa debe estar «vestida», es decir, que los manteles sean largos, hasta unos 15 o 20 centímetros del suelo y que tenga cubremantel, preferiblemente blanco, al igual que la servilleta. Puede que sea una manía, pero el blanco resalta todo lo que está a su alrededor, y lo realmente importante de toda la mesa —creo que ya te lo he dicho— es el contenido del plato. Todo en el restaurante debe estar a su servicio. Por muy bonito que éste sea, si no se come bien, abur.

Hay también datos prácticos para defender la blancura de cubres y servilletas: al tejido blanco es más fácil tratarle las manchas, y estas dos piezas son las que se llevan la palma en cuanto a lamparones. Cualquier cosa que se derrame o salpique manchará sin lugar a dudas el cubremantel o la servilleta, aparte de la corbata del cliente, por supuesto, que las leyes del señor Murphy también se cumplen a rajatabla en nuestro gremio.

Todavía recuerdo un día en mi restaurante. Hacía muy poco que habían adaptado un lujoso salón del Ayuntamiento de Sevilla para celebrar bodas. Era viernes y ejercía de alcalde Alejandro Rojas-Marcos. Almorzó aquel día en la barra con dos o tres colaboradores suyos. De pie. Tenía prisa pues casaba a una pareja al poco rato. Comieron deprisa y corriendo. Tanto, que al final les sobró algo de tiempo y decidieron tomarse un café irlandés. En mala hora lo hicieron. Todo fue poner las copas sobre el mostrador y darle un codazo a una de ellas uno de los colaboradores de Alejandro. No llegó a caerse, pero salieron despedidos de ella la nata y un chorreón de café. El líquido, como mandan los cánones murphianos, aterrizó en plena corbata alejandrina (las usa preciosas, por cierto); y el pegotón de nata decorada con canela, en el zapato izquierdo del susodicho alcalde a modo de moña.

Silencio sepulcral. Ni tres botes de Cebralín fueron capaces de arreglar aquel desaguisado. Alejandro, entre la moña de nata del zapato y la corbata convertida en algo similar a un merengue por mor del Cebralín, parecía un muñeco de tarta de comunión. Tan tieso. Tan blanco. Menos la cara, claro, que comenzaba a congestionarse poco a poco.

—¿Y con esta pinta cómo coño caso yo a nadie?

Al final todo se arregló con un intercambio de corbatas y un buen cepillado a los zapatos. Aquel día Murphy se sintió generoso y libró a la camisa y al pantalón; si no hubiese parecido que a la pareja la estaba casando el que anuncia los detergentes en la tele.

Y ya que hablamos del famoso quitamanchas: ojito, que no vale para todo. Es genial en manchas grasas, y en las corbatas es casi milagroso, pero no usadlo nunca en prendas de piel, ante, gabardina y telas tratadas o enceradas en general, pues el cerco que deja en esos casos no se va nunca y os cargaréis la prenda.

**Que la responsabilidad por el uso del quitamanchas o similar sea del cliente.**

En caso de duda es mejor hacer una prueba en una parte no visible de la prenda (trasera de la corbata, dobladillo de la chaqueta, etc.) y si no deja cerco actuad. Y, por supuesto, advertid al cliente de la posibilidad de que estropee el tejido. Que la responsabilidad por el uso de dicho producto o similar sea de él.

A lo que vamos: sigamos con la mantelería. En cuanto a la calidad y tipo de tejido las podemos clasificar en cuatro grandes grupos: sintéticas, mixtas, algodón e hilo.

**Sintéticas.**

> **El algodón es un material noble, relativamente barato, agradecido al ser lavado, duradero, variado en texturas y colores...**

Es esa mantelería cuyas servilletas, cuando te las llevas a los labios, extienden la gota de grasa que hay en ellos hasta la oreja. No secan, untan. Es lo más desagradable que se despacha en lencería para la mesa. Suelen tener dibujos adamascados y brillantes. Repelentes a la vista y a las manchas. Las hay en casi todas las gamas de colores, pero, para rematar la faena, los más fáciles de encontrar son los tonos pastel y los fosforitos. Un lujo. Aunque para absurdo en servilletas la que me pusieron en un restaurante de Praga de cuyo nombre ni me acuerdo ni quiero acordarme: enanas, de 20 x 20 centímetros y ¡de raso! ¿Te imaginas la sensación repulsiva de limpiarte los dedos en ese tejido frío y resbaladizo? Es como si estuvieran más pringosos después que antes.

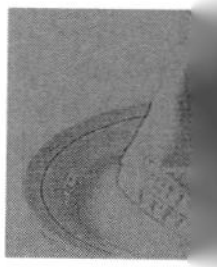

Como podrás comprobar los tejidos sintéticos no son mis favoritos precisamente. Son muy baratos y en ellos hay manchas más fáciles de quitar que en otras telas, pero amarillean y, cuando se desgastan, son ya el colmo de la repelencia: puro papel de seda impermeable para nuestros labios. Eso sí, pesan poco y ahorran en lavandería, que casi siempre se cobra al peso, pero, de verdad, ni por esas se te ocurra echar mano de ellos.

**Algodón 100 x 100.**

Son las más usuales. El algodón es un material noble, relativamente barato, agradecido al ser lavado, duradero, variado en texturas y colores...

El mantel se lava menos veces que el cubremantel, pero lleva mucha más cantidad de tela, lo cual encarece el coste y el mantenimiento, pero, si quieres darle color a tus mesas, te aconsejo que sea con este elemento. Puedes combinarlo con tapicerías, cortinajes, uniformes, pintura... Y, cuando te aburras de ellos y quieras cambiar el aspecto de tu local, te saldrá más barato cambiarlos sólo a ellos que comprar una mantelería nueva.

Ten en cuenta que el algodón encoge un poco en el primer lavado. Si te es posible, que te laven la tela antes de confeccionarlos para evitar sorpresas posteriores. No hay nada más feo que una mesa con los manteles «saltones».

**El algodón blanco no amarillea, pero si te decides por el de color, asegúrate que éstos sean sólidos.**

Ya te contaba antes mi preferencia por el blanco para cubres y servilletas. Si quieres darle un punto de color prueba a bordarles tu anagrama en una esquina; alegra el lienzo y da un toque de distinción. Haz números. Con las nuevas técnicas de bordado por ordenador sale bastante asequible y, además, evitarás confusiones en la lavandería.

El color blanco admite además el uso de productos más eficaces contra las manchas, aunque, si en tu localidad hay alguna lavandería que utilice el oxígeno a presión, no lo dudes, cásate con ella. Este sistema multiplica la duración de las prendas y, el placer que sentirán tus clientes al llevarse la servilleta a la cara y notar que huelen sencillamente a limpio, es decir, a nada que sea producto químico, se traducirá en fidelidad. Seguro.

El algodón blanco no amarillea, pero si te decides por el de color, asegúrate que éstos sean sólidos. No hay nada más cutre que un comedor vestido con manteles desteñidos cada uno de un tono diferente según el número de lavados. Acuérdate de los payasos del anuncio de detergentes de la tele.

### Hilo.

**Los taberneros somos imagen y hay que cuidarla...**

El no va más. Caro. Pero sencillamente genial. Una mantelería entera de hilo te costará un riñón. Tú sabrás si puedes permitírtelo, pero siempre podrás incorporar este noble material al equipamiento de tu local paulatinamente. Eso sí: ni se te ocurra intentarlo si antes no tienes una lavandería de plena confianza y garantía. Cada servilleta estropeada, cada dobladillo desgastado, sería como si te arrancaran la piel a jirones al pensar en el dineral inútil que se va acumulando en la estantería de paños de cocina. Recuerda las pilas de platos desportillados. Pues si le sumas la lencería estropeada se te despertarán los instintos asesinos.

Cuando yo conseguí encontrar la lavandería de mis sueños me tiré al charco y me gasté una fortuna en servilletas de hilo. Grandes. De un precioso color hueso que se va blanqueando con los lavados. Puras. Un regalo a los sentidos. Me costó decidirme, no creas, pues no sólo el precio había que tener en cuenta: colillas que cual balas perdidas van a parar siempre a ellas (el jodido Murphy otra vez). Caprichosos que al ver mi anagrama bordado en ellas se las llevaran. Niños maleducados hijos de padres maleducados que las pisotean, y es como si te pisotearan el hígado... Pero lo hice y no me arrepiento para nada.

Una anécdota del primer día que las puse. La primera mesa que entró fueron unos clientes desconocidos. Y la primera persona que la desdobló y se la puso en el regazo, una señora que no pudo reprimir el comentario: ¡vaya pedazo de servilleta! Y un servidor que casi estalló la camisa de puritito orgullo.

Así son las cosas: los taberneros somos imagen y hay que cuidarla como a un niño chico.

Ten presente también que, además de costar más caras que las de algodón, la limpieza y mantenimiento de las de hilo puede llegar a suponer un capítulo importante. Estúdialo bien.

> **Las palabras se las lleva el viento; que te lo den todo por escrito y firmado.**

Hay bastantes ciudades en las que ya funciona muy bien el sistema de *renting* para la lencería de hoteles y restaurantes. Resumiendo: se trata de un sistema en el que tú no compras la ropa, sino que es la empresa que lava la que hace el gasto inicial. La diferencia está en el precio del servicio, que es más caro que el normal, pero las ventajas son muchas: el desembolso inicial por tu parte es cero; los gastos de reposición de ropa gastada por el uso, igualmente cero y no tendrás que preocuparte de los *stocks*, ellos lo hacen por ti. Y, como la ropa es de ellos, por la cuenta que les trae la miman y la cuidan como a la niña de sus ojos.

Si te decides por este novedoso sistema, lee bien la letra pequeña: ¿A cuántas mudas tienes derecho? ¿Qué pasa con el material roto o quemado? ¿Quién decide si un mantel aguanta más uso o no?... Háblalo todo antes y, ya sabes: las palabras se las lleva el viento; que te lo den todo por escrito y firmado.

### Mezclas.

Cada día que pasa sale un nuevo producto textil. Mezclas de algodón con sintético, con hilo, con tejidos ignífugos, «manchífugos» si se me permite el palabro, etc. Son productos tan nuevos que es preferible experimentar con ellos, pide muestras y que sea la lavandería quien te dé la opinión definitiva; al fin y al cabo son ellos los que van a bregar con el material.

Y algunas recomendaciones que valen para todos los tejidos: sé generoso con el tamaño de las servilletas, que tapen ambas rodillas al posarla en ellas. Además, cuando se rocen los dobladillos podrás cortar y rehacerlos.

En caso de duda de lo que encoge la tela, más vale pasarse unos centímetros de tamaño que quedarse corto. Lo primero tiene arreglo, lo segundo no.

Al reponer manteles o servilletas ten en cuenta que, si son a medida, tardarán unas semanas en confeccionarlos.

Controla también los pedidos mínimos, pues hay fábricas que te exigen dicha reposición por piezas de tela enteras, y son un montón de metros. Si cubremanteles y servilletas son del mismo color y material es más cómodo, pues lo que sobre de reponer el uno lo inviertes en confeccionar el otro.

Asegúrate de que el producto confeccionado o la tela van a permanecer en catálogo bastantes años más. Más vale un clásico duradero que lo último y más moderno que a los dos años desaparece del mercado.

En muchas ciudades hay conventos de clausura que se dedican a lavar y zurcir ropa de restaurantes. Suelen tener el inconveniente de que no reparten a domicilio, pero el trato que le dan las monjitas a la ropa suele ser mano de santo (y perdón por el chiste fácil).

Donde primero posa la mano un cliente de tu restaurante, después del picaporte, es en el mantel o en la servilleta; en cuanto detectes que ese tacto ya no es agradable, deshazte de esa pieza. No hay nada peor que una primera impresión desagradable.

**No hay nada peor que una primera impresión desagradable.**

XIII

# Su majestad el cliente

# XIII

# Su majestad el cliente

Bien. Ya tenemos nuestro restaurante a punto de caramelo. Todo en su sitio. Todo ordenado. El equipo completo y entrenado… No te lo creas, es por decir algo. Siempre se inaugura faltando algo o alguien, pero, son tantas las ganas o la necesidad que, si no te fijas una fecha y abres con lo que tienes, te pueden dar las uvas y la caja sin funcionar.

Digamos pues que ya está todo relativamente preparado, que vamos a dar una copa de inauguración a la que asistirán todos nuestros amigos, sobre todo aquellos que, cuando tengan que rascarse el bolsillo para comer en nuestra casa, nunca volverán. Al tiempo. Pero se hace con gusto. Y con orgullo. Ése es tu reto y se lo estás enseñando a todos

Tercer párrafo y el negocio sin abrir. ¿Quieres darle ya la vuelta a la llave en la cerradura de una vez? Así me gusta. Está bonito, ¿eh? Pues podría estar mejor. ¿Sabes cómo? Pues con todas las mesas ocupadas. Nunca te olvides que has luchado a brazo partido con el interiorista para que un precioso espacio creado por él, deje de ser espacio para convertirse en algo repleto. De gente. De olores. De conversaciones. De sensaciones… Y sin clientes nada de esto es posible. Ni pagar las letras del banco tampoco, todo sea dicho.

**Siempre se inaugura faltando algo o alguien, pero, son tantas las ganas o la necesidad…**

Cuesta trabajo que un cliente entre por primera vez en un restaurante nuevo, pero cuesta aún más que repita. Por no hablar de hacerlo fijo. ¿Recuerdas lo que te comentaba de una pequeña barra de tapas? Estoy convencido de que ahora, después de tantos y tantos sofocones hasta acabar la instalación, y ante el pánico a la silla vacía, lo comprenderás un poco mejor. Entrar por primera vez en el local de un novato —porque eres aún un novato, no lo olvides— es un riesgo que no todo el mundo asume. Comer en la calle cuesta ya un dinero y, generalmente, el personal espera a que les lleguen los primeros comentarios sobre tal o cual sitio. Pero una copa de vino con una tapa o con un pincho es otra cosa y en cualquier momento traspasas la puerta para probar.

**El cliente va a un restaurante a comer, por supuesto, pero también a otras muchas cosas.**

No caigas en el error de poner una puerta cuasi hermética en la que, por lo menos, no se adivine el interior. Y tampoco cedas a las pretensiones de algunos arquitectos, los cuales, con tal de que su obra sea visible, son capaces de poner a comer a los clientes en un escaparate.

El cliente va a un restaurante a comer, por supuesto, pero también a otras muchas cosas. A ver. A ser visto. A hacer vida social. A pasar un rato agradable. A rematar un negocio. A declararse. A divorciarse. E incluso a pagar con los camareros la mala leche del jefe o los cuernos que le pone la parienta (o el pariente). Y no exagero. Conforme vaya pasando el tiempo te irás dando cuenta de que no. Sobre todo si te decidiste a poner algo tan de moda hoy en día como son los comedores privados. Yo tengo varios en mi restaurante desde hace más de veintisiete años y en ellos ha pasado casi de todo... Y si me apuras sobra el casi. Así, a bote pronto, me acuerdo de un año, hace bastante, en el que los empresarios de atracciones mecánicas de la Feria de Sevilla, la famosa Calle del Infierno, le echaron un pulso a la corporación municipal de aquella época por un quítame allá esos millones de alquiler de suelo. Reunidos en uno de mis privados los mandamases de Ayuntamiento, se presentó en mi local el presidente de los feriantes que, por cojones, quería entrar en el comedor donde estaban los primeros. Que no se puede entrar. Que sí. Que le tengo que decir al alcalde algo muy importante. Que vale, pero después, en la calle. Mi maître abierto de piernas y brazos delante de la puerta en plan «no pasarán», y ese presidente de los coches locos que le espetó: ¡Usted! ¡Usted será el culpable de que esta Feria los niños sevillanos se queden sin cacharritos!». Cosas de los privados. Pero, eso sí, fidelizan clientela un montón. Hoy algo así sería impensable con los escoltas que suelen llevar los políticos. Ya ves. Hace años hasta de eso teníamos que hacer

También tenemos la mesa de los aniversarios de boda. No sé por qué, pero cada vez que una pareja celebra uno los sentamos en esa mesa aunque no sepamos lo especial de la fecha. Aunque ya nos ha fallado una vez con unos amigos. Sí sabíamos lo que celebraban, los sentamos allí, intentamos invitarlos a un champagne muy bueno y nos dijeron: para el año que viene, que haremos bodas de plata y vendremos con los hijos. Se divorciaron cuatro meses antes.

Una hija de ellos y su marido, que siguen con la tradición de celebrar su aniversario en mi casa, cuando llaman nos lo dejan muy clarito: Enrique, ni champagne ni la mesa cinco, que después pasa lo que pasa.

Otra mesa famosa en mi casa es la número cuatro; gay que entra, gay que se sienta en ella. No falla. Pueden ser los primeros clientes del día y estar todo libre. Podemos ofrecerles una mesa más cómoda, pero nanay de la China. ¿No puede ser esa de ahí? (la cuatro) —nos dicen—. Y claro que es, faltaría más.

**Nunca dejes de mirar hacia delante. Camarón que se duerme…**

En la primera planta tenemos el comedor de las tesis doctorales. Muchos son los nuevos doctores que han celebrado en él sus títulos acompañados por profesores y tribunal, y, en este caso, con el cien por cien de aciertos. Nunca nos han anulado una mesa de lectura de tesis porque hayan rechazado ésta al final. Ya sabéis doctorandos, tengo un comedor amuleto para vosotros.

El comedor de la Virgen de los Reyes es el de las peticiones de mano. La mesa uno la de Arturo Pérez-Reverte que la heredó del capitán Alatriste.

Joder, ¿sabes que va uno teniendo ya su historia a cuestas? Ojalá te ocurra a ti igual. Pero nunca dejes de mirar hacia delante. Camarón que se duerme…

Pero sigamos con tu restaurante. Hay que lograr que el público entre por primera vez. Primero serán amigos. Luego amigos de amigos. Y así hasta que te preguntes ¿de dónde saldrá tanta gente que viene ex profeso a mi casa y que no nos conoce?

Puedes invertir algo en publicidad recién abierto, pero nunca te olvides que la mejor de todas es el boca a boca y, para activarlo, no valen monedas, sino trabajo bien hecho.

Te voy a contar algo por lo que hemos pasado todos y tú también lo harás, por mucho que te avisen, pero, cuanto menos tardes en darte cuenta de tu error, antes lo remediarás: el cliente es el rey. Todo lo que hagamos por agradarle será poco. Sabemos que lo que él cuente de nosotros influirá mucho en nuestro futuro comercial. Hay que mimarlo. Cuidarlo como si fuera el único que nos queda, pero… hay un porcentaje mínimo, ínfimo, de hijos de puta (permíteme la salida de tono) que irán a aprovecharse de esa circunstancia. A abusar de ti porque estás empezando y no puedes permitirte el lujo de quedar mal con nadie. Te irán comiendo el terreno y la moral sin que te des cuenta y, cuando ya lo hagas, será tarde; habrá conseguido un estatus inmerecido en tu negocio que sólo conseguirás que abandone con una bronca descomunal después de la cual te sentirás mal, fatal, hasta que pasen unos meses libre de esos chupópteros y te des cuenta de lo que te has librado.

**La mejor publicidad de todas es el boca a boca y, para activarlo, no valen monedas, sino trabajo bien hecho.**

Yo he tenido algún caso, como cualquier hijo de vecino, e incluso con un empleado desleal que no hizo buen uso de la confianza que en él deposité. Nunca dejes que esas situaciones te puedan y no las alargues más de lo debido. Aceitunita comida, huesecito fuera.

Cambiemos de tema. ¿Sabes que se puede elegir clientela? En primer lugar por el precio de tu carta. Evidentemente si te has decantado por un restaurante de alta cocina no tendrás muchos estudiantes de clientela, pero sí puedes tener un local de precios medios-bajos con clientela selecta. ¿Qué cómo? Pues con el servicio. Y eso debes tenerlo muy claro e inculcárselo a tu personal de sala. El subconsciente funciona, y de qué manera. Si tu ilusión es tener un restaurante al que vayan… yo que sé… futbolistas, pues, cada vez que aparezca uno lo atenderás con más detalle, sin pretenderlo, pero te saldrá así. Esto es bueno, pues el tal se sentirá a gusto y volverá con algún colega, pero, al mismo tiempo, es algo muy peligroso, pues, en cuantito un cliente vecino a él se cosque del detalle, mala cosa. A nadie le gusta ser segundo plato de nadie. Si hay algo más celoso que un marido o una mujer ese algo se llama «cliente despechado». Así que ya sabes: si un día aparece por tu casa Ronaldinho, pues a tratar a todos los clientes como si fuesen él. Siempre y cuando seas culé, claro, que si eres del Real y ese domingo le ha metido tres goles al club de tus amores maldita la gracia que te hará la visita.

**A nadie le gusta ser segundo plato de nadie… un «cliente despechado».**

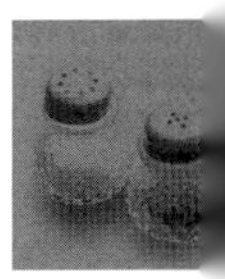

Hablando de fútbol, tengo una anécdota que no me resisto a contarte aunque es fuerte, pero, entre que ya han pasado más de treinta años y habrá prescrito, y que el autor de la fechoría (Diego, camarero del restaurante de mi padre y más sevillista que el escudo) ya no está entre nosotros, pues ahí va: Domingo, cuatro de la tarde, el Sevilla contra el Burgos a las cinco, el Burgos que se aloja en el hotel Fleming, junto al restaurante paterno, y la puerta que se abre:

—Buenas tardes.

—Muy buenas.

—Soy el utilero del Burgos, que estamos ahí al lado, en el Fleming.

—Diego, para servirle.

—Que si podría echarme en estos dos termos quince o veinte cafés para el descanso.

—Eso ya está hecho.

Y le echó los cafés en el termo. Y unas cuantas bolsitas de la infusión laxante que usaba mi tío Pepe y que retiró cuando soltaron su «mensaje» en el café. Nadie se dio cuenta.

Esa tarde fui a ver el partido con él. A mitad de la segunda parte me contó la historia. No quise dar crédito a lo que oí, pero lo cierto y verdad es que nunca he visto a un equipo de fútbol retirarse del campo más rápidamente al acabar el partido. Había caritas que eran un poema.

Pero sigamos con nuestros clientes, ese patrimonio tan necesario como delicado. Los que llevamos años en el oficio decimos con frecuencia que te puedes llevar años cuidándolos que al primer fallo desaparecen. Es una exageración, pero sí es verdad que no podemos darle demasiadas pistas al enemigo. No tentemos al diablo y cuidémoslos ¿Qué cómo? Pues como se cuida al mejor amigo. Estando al tanto de sus gustos. Preguntando. Hablando con él. A los clientes les gusta que un par de veces en la comida nos interesemos por su transcurrir. Sin empalagar. Sin servilismo. No hay nada peor que eso. Degrada a quien juega con él y molesta a quien lo recibe. Las reverencias para las películas de época. Una sonrisa, una mínima inclinación de cabeza, es suficiente para que nuestro rey se sienta como tal. Si quieres que te resuma el trato con el cliente en una sola palabra esta puede ser perfectamente **complicidad**. La confianza debe fluir en ambos sentidos.

**Halagar sí. Pelotear nunca. Si un cliente busca ese recocleo (como diría mi abuela) sin venir a cuento, es que no te interesa.**

Si un cliente relativamente habitual te pregunta un par de veces por un vino o un licor concreto, no esperes a la tercera. Busca ese producto removiendo cielo y tierra si hace falta y, la próxima vez que ese señor vuelva, ataca de frente y a la yugular, sin piedad: Don Fulano, que ya tenemos ese vino que tanto le gusta. Y don Fulano, sobre todo si viene acompañado por alguien con quien quiere quedar bien, se pondrá ancho y orondo. Halagar sí. Pelotear nunca. Si un cliente busca ese recocleo (como diría mi abuela) sin venir a cuento, es que no te interesa. Que no vuelva. No pierdes un posible cliente. Ganas un grado de credibilidad y asentamiento.

Ten en tu bodega o almacén la estantería de los caprichos con un par de botellas el güisqui de don Fulano, tres o cuatro del tinto de don Zutano, o con la ginebra de la señora de don Mengano.

Y hablando de señoras: nunca olvides que cuando los clientes salen con sus parejas, en el 90 % de los casos son ellas quienes deciden dónde cenar, y un comentario agradable siempre le gusta a las damas. Aún quedan por ahí restaurantes clásicos, casi demodés, pero con solera y empaque, que tienen dos cartas: una con precios y otra (para las damas) sin ellos, en una especie de doble juego entre gentileza y sentido comercial: ellas piden lo que se les antoja, sin tener en cuenta la «vulgaridad» del precio. Creo que hoy en día, para un restaurante recién abierto, este detalle no sería interpretado del todo bien. Sin embargo en otros es casi como imprescindible.

Y ojito con preguntar por la señora, el marido o el socio, que últimamente suelen durar poco; justo lo contrario de la cara de gilipollas que se te queda cuando te contestan:

—Nos hemos separado.

Al final de la comida sueltas un simple «recuerdos» y quedas genial.

Y ten paciencia con los clientes. Te lo repito por enésima vez: esto es una carrera de fondo que se gana etapa a etapa. Es imposible llegar el primero a todas, así que, cuando tengas una pájara, respira hondo, tómate un día libre, y de nuevo manos a la obra.

**El espíritu de sacrificio es imprescindible. Como en todas las demás, pero, además, a deshoras.**

Otra cosa que debes «escuchar» de tus clientes es el tema de los horarios, sobre todo si estás en zona de influencia de actos que acaban tarde: teatros, ópera, etc. Si acaban más tarde de tu hora de cierre y tienes constancia de que varios clientes tuyos son adictos a ellos, diles que pueden reservar mesa para cuando acaben. Matas dos pájaros de un tiro: como deben reservar, si no tienes ningún caso, pues cierras a tu hora y listo; y si tienes que hacer el sacrificio de quedarte un poco más, es sobre seguro y para tus incondicionales. Además, igual te entra más gente sin pretenderlo y te conviertes en el restaurante para-después-de-lo-que-sea. Y eso sí que es un pelotazo.

Y otra cosa te voy a decir que no suele gustar. Los dos o tres primeros años plantéate trabajar los domingos. Jode tela. Pero es el día con menos oferta y, sería de muy torpes dejar pasar una ocasión así. Ya llegará la clientela fija y dejará de hacerte falta. En nuestra profesión —¿recuerdas?, profesión— el espíritu de sacrificio es imprescindible. Como en todas las demás, pero, además, a deshoras. Gajes del oficio.

XIV

# *Tendencias gastronómicas*

# XIV

# Tendencias gastronómicas

Permíteme que retroceda sobre mis pasos. Ya quedamos al principio en que, una de las primeras grandes decisiones que deberías tomar es la definición del tipo de restaurante que querías y el estilo de cocina a seguir.

Has inaugurado y has seguido tu modelo, pero, desde libros, revistas, televisión y todos los medios de comunicación posibles, van a bombardearte con las nuevas tendencias gastronómicas, y debes estar preparado, pues pueden llegar a hacerte dudar.

En mis más de treinta y cinco años «detrás del mostrador», como me gusta decir, he escuchado hablar de la *nouvelle cuisine*, de la cocina moderna, la cocina de los aromas, la de las texturas, la de los sentidos, la molecular... Hasta la última pamplina; sí, pamplina, que ha sido, anteayer, un artículo sobre la cocina tecno-emocional, palabreja acuñada por un crítico gastronómico, o tal, que en lugar de buscarse un buen terapeuta mental se ha dedicado a esto. ¿Qué coño es eso de tecno-emocional? Todas las cocinas lo son desde el momento en que utilizas la técnica para transformar elementos crudos en alimentos provocando sensaciones gustativas, emociones al fin y al cabo. A veces parecemos malos políticos, que se dedican a decir obviedades en un lenguaje vano, vacuo, hinchado y pseudoculto con el que, sencillamente, intentan disimular sus carencias

**Van a bombardearte con las nuevas tendencias gastronómicas, y debes estar preparado, pues pueden llegar a hacerte dudar.**

Escúchame con atención: cocinas hay dos, la buena y la mala. Intenta hacer la primera. Y tendencias hay tantas como cocineros o empresarios. Cada uno tiene la suya, y es fruto de su evolución.

**Cocinas hay dos, la buena y la mala. Intenta hacer la primera.**

Todos estos genios que consiguen hacer caviar de algas, espumas, emulsiones, suspensiones, aires y humos, son eso: genios, investigadores (cuando lo son); y ése es su papel en este circo en el que te has metido. Ellos crean (o recrean) y los demás tomamos de cada uno lo que nos gusta, en el caso de que nos guste algo, y volvemos a recrear. Ya está. Si lo que quieres es convertirte en uno de ellos, no montes un restaurante al uso, sino un laboratorio.

Te voy a poner un ejemplo que creo entenderás más fácilmente. Imagina un desfile de alta costura en París. Modelos anoréxicas. Nuevos tejidos. Formas imposibles… No es ropa para ponerse, sino para que los creadores expresen la visión que tienen de la mujer glamourosa o elegante. Después, lo que venden en sus tiendas son productos confeccionados en serie, aunque, eso sí, basados ligeramente en lo visto en la pasarela. Pero, ¡ojo!, ni siquiera a eso le ganan dinero. El gran negocio de la moda y la única manera que tenemos los mortales no millonarios de sentirnos parte de ella son los complementos: unas gafas, un cinturón, un chal… Y sobre todo los perfumes y colonias.

Traslada todo eso a nuestro terreno: El gran creador es aquel a cuya casa se va, no a comer, sino a que lo sorprendan con la última novedad. Un escalón por debajo sus discípulos, que suelen regentar restaurantes cuasi emblemáticos, generalmente apoyados de alguna manera por algún estamento oficial, o casi. Y, en la base de la pirámide estamos tú y yo: profesionales que nos gusta estar informados y que, de vez en cuando, compramos el sifón de espumas de Fulanito, el plato diseñado por Menganito o el espesante recomendado por Zutanito. Es decir, los botes de colonia con el nombre de nuestros genios, y que, al cabo de nada, acaba arrumbado en el rincón más oscuro de nuestro almacén.

Nuestro referente gastronómico de máxima calidad más inmediato es Francia, y mira lo que allí está sucediendo: los tres estrellas Michelín no sienten ningún sonrojo en comentar que sus negocios son deficitarios, que en lo que de verdad ganan dinero es con el catering y con las segundas marcas. Lo demás es mentira. Cobran un dineral por comensal y, además, pierden dinero. No son modelo a seguir. Y, además, distorsiona el mercado. Son competencia desleal. Así que, pies en tierra firme, y crea tu propia tendencia. Ella nunca te fallará. Si te dedicas a apuntarte a todas las modas que salen sólo conseguirás desorientar a la clientela y dejar tu personalidad profesional a la altura del betún.

**Sé tú mismo, con tus virtudes y con tus defectos, y dedícate a potenciar las primeras y a pulir las segundas.**

En definitiva, sé tú mismo, con tus virtudes y con tus defectos, y dedícate a potenciar las primeras y a pulir las segundas.

Y te dejo, que van a dar en la tele un reportaje sobre la influencia del número de granos de azúcar en la textura de la superficie de las natillas que debe ser la mar de ilustrativo.

XV

# *Las guías gastronómicas*

# XV

# Las guías gastronómicas

¡Ojú! Lagarto lagarto. A ver qué te digo yo del tema para que no te me deprimas de golpe. Ya sé. Hazme preguntas y yo te responderé, el plan Maestro y Pequeño Saltamontes. Hala, comienza.

—¿Crees que son necesarias y útiles las guías?

—Por supuesto, suelen dar información más o menos ajustada a la realidad.

—¿Qué tienen en común todas ellas?

—Pues que nosotros siempre pensamos que estamos puntuados a la baja.

—¿Influyen en el aumento o disminución de las ventas?

—Relativamente, muy relativamente. Influyen más en nuestro ego que en la caja registradora.

—¿Qué alternativa a ellas hay?

—Los comentarios de los clientes que ya hayan visitado ese negocio, Internet, la intuición del cliente...

—¿Han pasado muchos inspectores anónimos por tu restaurante en tantos años?

**¿Qué alternativa a ellas hay? Los comentarios de los clientes...**

—Que se hayan identificado al final de la comida (los auténticos) tres o cuatro. Que lo hayan hecho antes con la pretensión de que los invite a comer (más falsos que Judas) treinta o cuarenta. Así que ojito, que hay mucha picaresca suelta. Y hablando de inspectores: hace bastantes años descubrí al inspector de mi ciudad de una guía de postín cuando ya había dejado de serlo y me quedé de piedra. ¿Cómo narices podía ese señor hacer crítica gastronómica de mi casa si en la vida había pasado al comedor? Se limitaba a quedarse en la barra y tomarse una tapa de croquetas; siempre croquetas. Era el tonto de las croquetas. Comprendo que me salen buenas, pero no es para tanto. Por cierto, nunca dijo nada de las croquetas en los comentarios de la guía. Y es que los hay desagradecidos.

—¿Entonces, qué me aconsejas que haga?

**La mejor guía gastronómica es el boca a boca.**

—Nada. Absolutamente nada. Te lo vuelvo a repetir: **sé tú mismo**. Y te lo volveré a decir tres o cuatro veces más antes de acabar el libro (si me aguantas hasta el final). La mejor guía gastronómica es el boca a boca. Llegarás a asombrarte cómo, al cabo de años, clientes de la otra punta del país, o del mundo, vuelven a tu casa a probar aquel plato que tanto les gustó; o mandan a sus familiares o amigos.

La guía es eso, una guía, no una biblia. Unas te tratarán mejor y otras peor. Incluso pretenderán influir en el desarrollo de tu restaurante con frases como «arriesga poco» o «debería modernizar la carta» y, si por desgracia haces caso de ellos, en la siguiente edición te obsequiarán con un «está perdiendo las esencias».

¿Te acuerdas del consejo de mi padre? Pues te lo repito, por si se me pasó y no te lo dije antes: «Niño, ponte siempre en el lugar del cliente». Pues trasládalo a este caso: ponte en el lugar del crítico: todos los años comentando los mismos restaurantes de la misma ciudad casi sin novedades, pues en cuanto pilla una la utiliza para marcar la diferencia con su trabajo del año anterior; y a veces lo hace para bien, y otras para lo contrario. Ya sabes: una de cal y otra de arena. Lo tuyo es como en la mili: pasar desapercibido. Todos los que suben espectacularmente en las guías hacen el retorno igual de rápido.

Lo que sí es injusto es que te juegues un comentario negativo por un mal día (todos los tenemos) o viceversa, y eso suele ser frecuente en los primeros años de vida de un restaurante. Cuando ya lleva varios y una trayectoria a cuestas, las fluctuaciones son mínimas. Te estabilizas y eso te da seguridad.

**Es injusto es que te juegues un comentario negativo por un mal día (todos los tenemos) o viceversa.**

Además de las guías están las revistas especializadas que, tarde o temprano, repararán en tu negocio, si éste va bien, para que les mandes alguna receta, les hagas algún comentario, etcétera. Colabora. Colabora siempre. Bueno, siempre que sea gratis que, a veces, detrás de esto hay cada estafa que ni te cuento.

XVI

# La publicidad

# XVI

# La publicidad

Algo de publicidad es imprescindible en cualquier negocio, y más aún en tu caso, pues acabas de abrir tu restaurante y nadie, o casi, lo conoce. Si te has metido en un buen embolado y tienes un local de mucha capacidad capaz de generar bastante clientela te aconsejo que te pongas en manos de profesionales: una buena agencia que se haga cargo de tu caso y te plantee una campaña a medio plazo como mínimo.

**Deberás organizarte para invertir (que no gastar) en publicidad un mínimo todos los meses.**

En caso contrario deberás organizarte para invertir (que no gastar) en publicidad un mínimo todos los meses que te resulte lo más rentable posible.

Medios hay muchos: prensa, radio, televisión, carteles, etc. Vamos a analizarlos más detenidamente.

### Prensa diaria

Si te anuncias en un periódico de mucha tirada y en las páginas clave te costará un dinero, pero, claro está, tendrá mucha más efectividad que si lo haces en páginas que pasen desapercibidas. Una buena forma de sacar mejores precios es programar lo que te vayas a gastar en un año en ese medio y contratarlo todo junto. Los precios bajan ostensiblemente, y, negociando un calendario de pagos cómodo, se hace relativamente fácil.

### Revistas especializadas

Suelen ser publicaciones mensuales con toda la información turística de la ciudad y que se reparten gratuitamente en hoteles, puntos de información turística y establecimientos anunciantes. Proliferan como setas en otoños lluviosos. Unas son efectivas y otras no. Y nadie te dirá cuáles son las buenas; eso tendrás que currártelo tú. Mi consejo es que te anuncies en todas, no de golpe, evidentemente, eso no hay presupuesto que lo aguante, sino alternándolas. Una buena idea para ver cuál de ella es más efectiva es colocar «testigos» en los anuncios. Por ejemplo: en la revista *A* pon una foto del plato X, en la *B* del plato Y, y en la *C* del plato Z. Observa cuál de esos platos es el que más te piden mientras que cada revista esté en circulación y tendrás una pista digna de fiar.

**Unas son efectivas y otras no. Y nadie te dirá cuáles son las buenas...**

### Revistas puntuales

Son aquellas que se editan una vez al año o esporádicamente por algún acontecimiento especial de tu ciudad: un festival, un congreso, etc. Son medios de una vida muy corta, pues, en cuanto se acabe el evento en cuestión, adiós a la revista, so pena que tenga una edición muy cuidada o una información que merezca ser conservada y, esto es muy importante, vuelta a consultar, pues si la revista se guarda *per sécula seculorum* en un estantería, tu anuncio nunca más se verá.

Si te vas a anunciar en cualquier medio escrito en compañía de otros restaurantes, asegúrate quiénes serán tus vecinos. Recuerda lo que dice el refrán: con quien te vi te comparé.

## Radio

**Negocia bien y exige franja horaria y el tipo de programas en los que te anunciarás.**

La radio se tiene puesta muchas horas al día, pero se escucha muy pocas. Si tienes un restaurante dirigido a ejecutivos no te merecerá la pena anunciarte en un horario matutino o en programas del hogar. La radio te suele ofrecer muchas cuñas a lo largo de la jornada, pero no aceptes así porque sí. Aunque te salga por poco dinero cada cuña, ¿de qué te servirá si no la escucha tu público? Negocia bien y exige franja horaria y el tipo de programas en los que te anunciarás.

## Televisión

Desde la irrupción de las emisoras locales la publicidad televisiva ha dejado de ser privilegio de grandes marcas. Todos tenemos acceso a ellas. Puedes hacer faldones, spots, patrocinios, e incluso microprogramas. No son caras, pero son relativamente pocos los programas con mucha audiencia. Elige bien. No te pase como a un amigo mío, carnicero, que rodó un spot en el que se le veía troceando un corte de carne machete en ristre, y que, indefectiblemente, pasaban en todos los intermedios de un ciclo de películas de terror serie B con muchos muertos y mucha sangre.

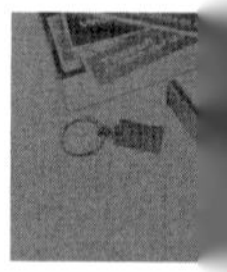

## Mailing

**Haz tu propio banco de datos y no abuses de los envíos. Al cliente no se le puede agobiar.**

Es un muy buen sistema siempre y cuando la base de datos de la empresa que te lo haga sea fiable. Cuando comience a andar tu restaurante pídele esos datos a tus clientes y también permiso para que reciban por correo las novedades o variaciones de tu casa. A todos nos halaga que nos tengan por importantes. Haz tu propio banco de datos y no abuses de los envíos. Al cliente no se le puede agobiar.

### Buzoneo

Sistema barato, directo a la zona de influencia de tu local, pero «no llega». Un folleto sin destinatario en tu buzón (o en el «cajón» que muchas comunidades de vecinos han decidido adoptar), debe tener un mensaje muy interesante y concreto para que no acabe en el cubo de basura sin leerlo.

Hagas lo que hagas, uses el medio que uses, ten en cuenta que la propia novedad de que estás recién abierto es mensaje suficiente para los primeros meses, pero que después tendrás que ingeniártelas para no aburrir al personal con las mismas palabras, con el mismo eslogan. Utiliza la publicidad para informar: nueva carta, jornadas gastronómicas, chefs invitados, algún galardón, incorporación de vinos, etcétera.

La publicidad es un medio, uno más, que complementa las demás facetas de tu restaurante. Si lo que anuncias es falso o incompleto, el cliente se irá desencantado y no volverá. Y hablará de ese desencanto, que es lo peor.

**Utiliza la publicidad para informar: nueva carta, jornadas gastronómicas, chefs invitados...**

Y adminístrate bien, pues estarás tentado a decir que sí a cuanta campaña te presenten. Márcate un presupuesto anual y no te lo saltes nunca. Si sabes de antemano lo que te vas a gastar en publicidad podrás incluir esa partida en los presupuestos que hagas para ese año; en caso contrario nunca te cuadrarán las cuentas.

Dime pesado, pero te lo repito: la mejor publicidad es la del boca a boca, y ésta sólo es posible cuando el cliente sale satisfecho por tus puertas. Es más lenta, pero gratuita y súper efectiva.

Permíteme también que me extienda algo en el tema de las jornadas gastronómicas. Puedes hacerla tú solo o acompañado por otros restaurantes con los que compartas vecindario, tipo de cocina, amistad, etcétera. Si eres capaz de poner en marcha algo original y atractivo te será sumamente fácil captar una firma comercial que patrocine el tema publicitándolo.

**Los clientes no son tontos y no se dejan vender un parche como si fuera un gran evento gastronómico.**

¿Cuándo hacer unas jornadas? No es pregunta baladí. Está claro que en temporada alta ni puedes —por falta de tiempo—, ni debes —por no distraer al cliente de tus especialidades—. Pero, ¡ojo!, no vayas a caer en la frecuente tentación de hacerlas en temporada baja bajísima, pues, por mucho que quieras, si no hay clientes no los hay, y la impresión que darás a los pocos que acudan al reclamo al ver tu comedor casi vacío es de fracaso total, sin paliativos. Escoge una fecha media y no las hagas muy largas; máximo una semana. Te pongo un ejemplo:

En Sevilla se han hecho diez o doce «Feria de la Tapa» y, salvando la primera, han supuesto un fracaso estrepitoso en el que los profesionales participantes han perdido su tiempo y su dinero a cambio de nada, pues la repercusión publicitaria ha sido mínima y la afluencia de público irregular y caótica. ¿Y por qué ha sido así? Pues por varias causas. Porque ha tenido cuatro ubicaciones diferentes en tan pocos años. Porque ha cambiado de fecha en cada edición. Y porque carecían de contenido.

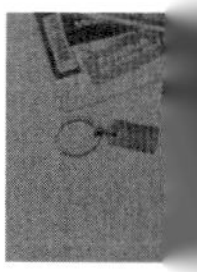

Las primeras se celebraron en grandes naves o en carpas, con lo que la primera impresión que te llevabas es que era una feria de chiringuitos. La última (espero que definitivamente) se organizó más racionalmente; cada restaurante o bar en su local, con su personal y con sus medios; pero, sin embargo, ha sido la más ignorada de todas. ¿Por qué? Analicemos el caso, pues de los grandes fracasos salen las grandes enseñanzas.

Mientras que al principio dichas ferias duraban cuatro días, después pasaron a ser diez, lo cual ya me parece excesivo; pero para excesivo lo de la última edición: un mes. Nada menos que treinta días. Además ha ido pasando de ser Feria de la Tapa a Feria de la Tapa y las Raciones y, finalmente, Feria de la Tapa y la Gastronomía. Y todo ello «avalado» por las declaraciones de un máximo responsable de la hostelería sevillana en las que explicaba el por qué se hacía en noviembre: «es que es un mes flojito y así lo levantamos».

Los clientes no son tontos y no se dejan vender un parche como si fuera un gran evento gastronómico para subir las ventas de un mal mes de los taberneros. Y, además, la tapa, la supuesta protagonista, ha visto cómo se la mezclaba con raciones o con toda la gastronomía completa. Si no crees en un producto, ¿cómo coño vas a venderlo? Perdóname el exabrupto, pero ante catetadas como ésta pierdo los buenos modales. Y todo viene del recelo que los restaurantes sevillanos tienen para con los bares y sus tapas sin darse cuenta, los muy cegatos, de que son las grandes protagonistas de nuestra gastronomía, que ya han traspasado fronteras y que, si las promocionamos y las cuidamos, pueden ser las grandes abanderadas de nuestra ciudad.

Te pido nuevamente perdón, esta vez por el localismo del tema, pero extrapólalo a tu ciudad; sacarás consecuencias muy jugosas. En cuanto a lo del tapeo, seguiremos hablando de él; se merece un capítulo para él solito.

XVII

# *Los proveedores*

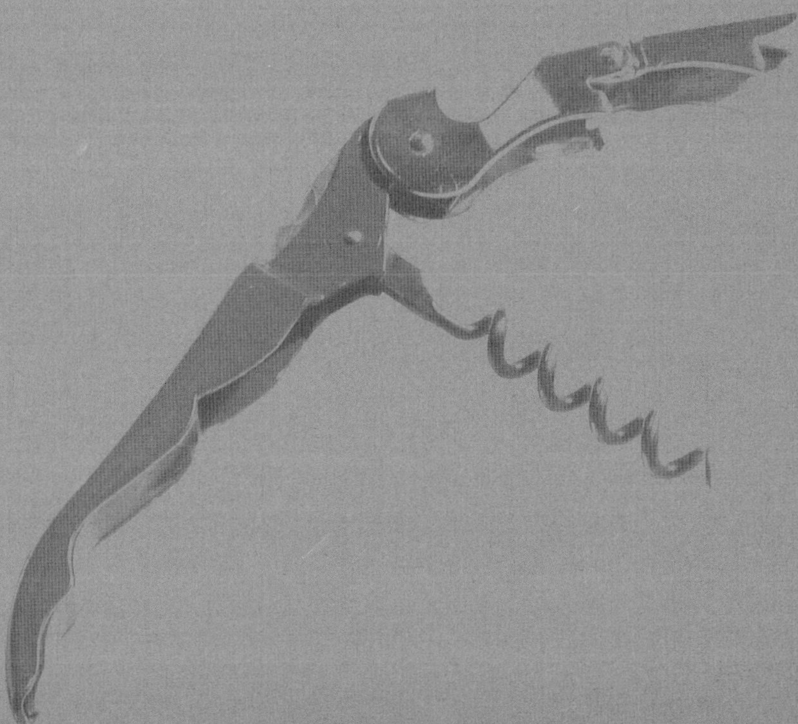

# XVII

# Los proveedores

Ea. Pues aquí tenemos otra de las claves del buen funcionamiento de un buen restaurante. A los distribuidores, proveedores o como quieras llamarlos los vamos a clasificar en dos grupos según la duración de sus mercancías: **perecederos y no perecederos.**

Comencemos por los primeros. Entre ellos destacan pescaderos, verduleros, carniceros y panaderos. Son productos que se reponen prácticamente a diario y la relación con todos ellos es constante. Les compramos productos fijos para los platos fijos de la carta, y otros esporádicos para las recomendaciones diarias o platos del día.

**La relación con los proveedores tiene que ser fluida y de mutua confianza.**

Con todos ellos la relación tiene que ser fluida y de mutua confianza, si no los conflictos estarán a la orden del día. Partiremos de la base de que ni existe un proveedor perfecto ni nosotros tampoco lo somos; así que un buen principio sería anotar en una libreta las virtudes y los defectos de cada uno de ellos, compararlos entre sí, y decidir cuál es el que mejor se adapta a nuestras necesidades y nuestros gustos.

Lo ideal es ir a diario a hacer la compra al mercado, pero, madrugar después de irse a la cama a las tantas **todos los días** puede llegar a minar nuestra resistencia y nuestra salud. Hay que partir de la base de que los que nos dedicamos a la Hostelería tenemos unos horarios que van al contrario que los de los demás. Cuanto más grande es la fiesta más duro es nuestro trabajo. Esto es así,

**Cuanto más grande es la fiesta más duro es nuestro trabajo.**

y si no estás convencido del todo pues te preparas unas oposiciones y te aburres como una ostra de ocho a tres detrás de una mesa, mientras tu jefe te larga expedientes y más expedientes. Puentes todos. Creatividad cero. Nosotros al revés. Eso sí; mira la parte positiva: como cogemos vacaciones a destiempo nos cuestan la mitad y nos atienden mucho mejor adonde viajemos.

Déjame que aproveche esa alusión a nuestros horarios para recomendarte algo: haz algo además de tu trabajo. Practica un *hobby.* Una actividad que no tenga nada que ver con tu mundo laboral. Ten amigos de fuera del gremio; en caso contrario acabarás hablando siempre de lo mismo, y eso no es bueno. Nada bueno.

A lo que íbamos. Ante la falta de descanso que supondría ese paseo diario a la compra, lo más conveniente es hacer los pedidos telefónicamente (o mejor aún por fax o correo electrónico, para que quede constancia escrita) cada noche, y pasarse por el mercado un par de días a la semana; martes y viernes por ejemplo, que son *a priori* los dos más importantes: reposición tras el fin de semana (el lunes es mal día de mercado), y preparativos para el siguiente.

**La calidad y el precio son los principalesdetalles que hay que tener en cuenta para decidirse por un proveedor o por otro, pero no los únicos.**

Varios son los detalles que hay que tener en cuenta para decidirse por un proveedor o por otro. Está claro que la calidad y el precio son los principales, pero no los únicos. Un buen servicio también es imprescindible. ¿Y qué es un buen servicio? Pues puntualidad en el reparto, limpieza, buena manipulación de los alimentos... No es lo mismo recibir en tu cocina una merluza en bruto que eviscerada, descamada e incluso cortada en raciones del peso que tú quieres. Todo eso es tiempo que tú ahorras y puedes emplear en otras cosas.

Calcula el rendimiento de las carnes pero una vez limpias. Pesa las piezas recién llegadas y después de quitarles grasa y pitracos. Igual te llevas la sorpresa de que, el proveedor que pensabas que era más caro trabaja mejor la carne y te sale el kilogramo de solomillo limpio más barato que el del otro.

Exígeles calidad y ten la libertad de devolverles lo que no está a tu gusto. Pacta con ellos cortes y calendario de pagos.

**¿A quién comprar? ¿A distribuidores oficiales o a grandes superficies?**

Haz que vuestra relación sea fluida y, en caso de desacuerdo, cambia; no envenenes la relación.

Ten la precaución de no tener un solo proveedor para cada familia de productos. Si tienes dos carniceros, pescaderos o verduleros, siempre podrás comparar entre ellos y, en caso de desabastecimiento de uno, tirar del otro.

A los proveedores de diario es conveniente pagarles por semanas o quincenas, pues suelen ser facturas muy elevadas por frecuentes. No es bueno acumular mucho dinero en el debe; agobia bastante. Además, un proveedor bien pagado, inconscientemente te trata mejor que a los otros clientes. Es lo mismo que te ocurrirá a ti con los tuyos: a un cliente que va casi a diario a tu casa, come bien, paga bien y habla bien de tu establecimiento, lo mimas como a lo más preciado. Pues aplícate el cuento.

En la parcela de los no perecederos hay diversidad de criterios. ¿A quién comprar? ¿A distribuidores oficiales o a grandes superficies?

Comencemos por el vino. Puede darse el caso de encontrar mejores precios en las grandes superficies «exclusivas» para Hostelería (el entrecomillado va con retintín, por supuesto), pero, ¿cómo han estado conservados esos vinos hasta el momento de la compra? ¿Cuántos kilómetros han hecho? ¿Cuántos cambios bruscos de temperatura? ¿Y el cava o el champagne? ¿Son de este año o del anterior? Porque esa es otra: a ver cuándo de una puñetera vez las bodegas se deciden a poner la fecha de embotellado y la de consumo preferente en las etiquetas.

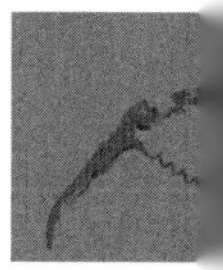

**A ver cuándo de una puñetera vez las bodegas se deciden a poner la fecha de embotellado y la de consumo preferente en las etiquetas.**

En fin, que si el distribuidor oficial es más barato (que lo suele ser), o aunque salga algo más caro, siempre es preferible, sobre todo porque si alguna botella sale mal te escuchará más y mejor que la cajera de un *cash* al uso.

Ten también en cuenta que toda regla tiene su excepción. En mi pueblo hay un distribuidor de una bodega de vinos de gran calidad que los conserva en una nave con techos de uralita ¡en Sevilla!, y, claro, los cincuenta grados no hay quien se los quite en verano. Y si a eso le añadimos que cada vez que repone vino lo coloca delante del antiguo, pues cuando, al cabo de los meses, te manda las cajas del fondo, no hay quien se lo tome. Y cuando dejas de confiar en una marca mala cosa.

Los vinos jóvenes, inestables o delicados (los jereces, por ejemplo), cómpralos en pequeñas cantidades y con más frecuencia. Los que aguanten más tiempo puedes comprarlos con más libertad y negociar precio o botellas sin cargo por pasar de un consumo mínimo.

**Adapta tu carta a cada temporada y sus productos.**

Lo de los refrescos, lácteos y demás menudencias es otro cantar. Ahí si puedes (casi debes) permitirte un único proveedor para todas esas referencias. Además de dinero ahorras tiempo: un solo preventista y un solo día de reparto semanal. Pero ¡mucho cuidado! Estos establecimientos suelen tener precios tan bajos porque una gran parte de esos productos tienen la fecha de caducidad bastante próxima. Deberás comprar en la cantidad justa para no sobrepasarla y no hacer como el de la nave de uralita: los más antiguos delante y los más nuevos detrás; exactamente igual que a la hora de reponer las cámaras frigoríficas.

Hazte a la idea de que vas a recibir muchos vendedores que van a intentar por todos los medios que tengas sus productos en tu carta. Es su trabajo y es bueno atenderlos, aunque haya momentos en que no tengas humor para ello. Una buena solución es establecer **un día y unas horas de proveedores**; por ejemplo, los lunes de diez a doce. Los atiendes a todos, ellos están contentos y tú informado de las novedades del mercado.

Y, por último, adapta tu carta a cada temporada y sus productos; te será más fácil encontrarlos en el mercado y su calidad y precios serán los mejores. Se navega mucho mejor a favor del viento que a contracorriente; y esta travesía va a ser muy larga (esperémoslo así).

• • XVIII • •

# *El tapeo*

# XVIII

# El tapeo

Te lo prometí hace no demasiadas líneas y suelo cumplir lo que prometo. Aunque a primera vista tapeo y carta puedan parecer antagónicos (incluso enemigos irreconciliables), en realidad son casi hermanos siameses. Pero comencemos por el principio. Vamos a hacer un poco de historia.

> **Si hay una ciudad que merezca el nombre de capital de la tapa, esa es Sevilla.**

Como ya te he venido diciendo a lo largo de este libro soy de Sevilla, aquí nací y aquí llevo desarrollando mi trabajo de tabernero, hostelero o como quieras llamarlo, desde siempre. Y si hay una ciudad que merezca el nombre de capital de la tapa, esa es Sevilla. Tanto ha sido así que, restaurantes propiamente dichos, no han comenzado a proliferar hasta los años ochenta del pasado siglo; justo cuando mi ciudad comenzó a recibir visitantes en cantidad más o menos importante. Hasta entonces nos apañábamos a las mil maravillas con bares (muy buenos bares) con comedores anejos en los que comer sus maravillas culinarias con un poco más de comodidad.

El sevillano está acostumbrado al tapeo. Le gusta compartir plato. Es menos protocolario e incita a la conversación. Los restaurantes propiamente dichos están en minoría y parece que están tardando en calar, aunque en realidad no sea así. Para un diario es más habitual tapear y dejamos la mesa y el mantel para ocasiones especiales.

Por cierto, hablando de tapear. ¿Sabéis que este verbo no se admitió por la Real Academia hasta la última actualización del su diccionario?

Hablemos de la tapa. Ahora que todos se atribuyen su invento conviene recordar que la tapa nació en Sevilla, en pleno centro; concretamente en la calle Sierpes, en la que estaban (todavía quedan algunos) los Círculos y Clubes más selectos de la ciudad. Era costumbre en ellos mandar poco antes del mediodía a cualquiera de los colmados cercanos a por una copita de oloroso o amontillado con la que espabilar el apetito, pues esa es la misión del aperitivo, aunque ahora se tienda a confundir con un pequeño tapeo cuyo efecto es justo el contrario: matar el hambre. El aperitivo de Italia es el vermú, el de Francia el pastis, y en España es (aunque va a menos) el jerez, del cual, la última gota del vaso la utilizaban los caballeros antiguamente a modo de perfume echándola en el pañuelo.

Los colmados eran una especie de negocios mixtos entre bares y tiendas de comestibles que gozaron de gran predicamento en Sevilla. Todavía queda alguno, pero acabarán desapareciendo, aunque últimamente están proliferando como setas las abacerías, algo parecido pero con tres latas de conserva y media, que simplemente son la excusa para burlar la normativa sobre zona saturada de bares. Los disfrazas de tienda de ultramarinos y ya está. Hecha la ley, hecha la trampa.

Imagínate hace casi doscientos años (la tapa es relativamente joven): los casinos de Sierpes sin ambigú y los botones de dichos clubes del colmado al casino con cañas de jerez desde media mañana atravesando las calles y aceras polvorientas de aquella Sevilla del XVIII, y ese polvo entrando en el vino hasta que un día alguien dijo la frase que cambió todo:

—Niño, dile al tendero que te tape los vasos para que no entre el polvo.

Ahí nació la tapa, porque el susodicho tendero en vez de usar medio pliego de papel de estraza tapó la boca de los vasos con una rajita de chorizo o una cuñita de queso. La cosa hizo gracia y prendió. Desde entonces hubo una competencia feroz en traer la mejor chacina para tapadera (tapa) de los vasos.

—Niño, hoy te traes la copa del colmado de Paco, que le han traído morcones del pueblo.

Poco a poco fueron adoquinando calles y complicando el repertorio de tapas que se convirtieron en una forma alternativa de comer.

Hoy en día los restaurantes de postín de medio mundo te dan de comer en plan tapeo, le llaman menú degustación, y te cobran uno y la yema del otro por cabeza. Por eso no acabo de entender cómo en Sevilla no hay un menú de tapas en todos y cada uno de sus restaurantes. Se trata simplemente de vestir de gala a nuestra protagonista y darle el sitio que se merece. En cualquier parte del mundo darían una mano por tener esta singularidad gastronómica y aquí no acabamos de darle la categoría que se merece, por eso, seas de donde seas y montes tu restaurante donde lo montes, hazle un homenaje a la tapa en forma de menú. Siéntete orgulloso de tus raíces, de tu cultura y déjate de chuminadas tipo «largo y estrecho». Llama a las cosas por su nombre.

**Se trata simplemente de vestir de gala a nuestra protagonista, la tapa, y darle el sitio que se merece.**

Y ponle una pequeña barra de tapas a tu local. Ya te dije que no tendrás mejor escaparate ni publicidad que dar a probar tu cocina en pequeñas raciones.

• • • • • XIX • • • • •

# El pan y el agua

# XIX

# El pan y el agua

Te parecerá extraño que le dedique todo un capítulo a dos productos tan simples en apariencia como el pan y el agua, pero todo tiene su miga, y nunca mejor dicho.

España ha sido tradicionalmente un país de buen trigo y de buen pan, y recalco lo de *ha sido* porque, últimamente, entre que las variedades autóctonas de trigo están siendo sustituidas por otras más productivas, y la proliferación de cultivos intensivos, el panorama está cambiando sustancialmente y no a mejor precisamente.

**El pan y el agua, junto con el vino, son los tres elementos que están sobre la mesa durante casi toda la comida.**

Hoy en día lo normal es encontrarse con un pan recién horneado que cruje casi con lascivia, pero que al cabo de dos o tres horas se ha convertido en un blandiblup incomestible, lo cual, para nosotros, es algo muy peligroso. Date cuenta que el pan y el agua, junto con el vino, son los tres elementos que están sobre la mesa durante casi toda la comida, y que, desde que comienza el servicio hasta que acaba, pasa el tiempo necesario como para resaltar los peores defectos de un mal pan.

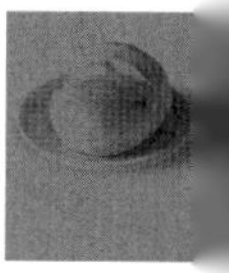

Hay sin embargo panes precocidos de bastante calidad que te van a permitir componer cestas variadas que harán la delicia de tus clientes. Puedes incluso hacerlas mixtas con un par de tipos de pan tradicional hechos con buena harina, levadura natural y lentamente en el horno de tu panadería, acompañado de dos o tres variedades más exóticas que puedes tener en tu congelador a falta de darle los últimos minutos de cocción en tu cocina.

En mi tierra, además, son muy frecuentes los picos (colines para el resto de los españoles) y las regañás, especie de tortas de pan ácimo de reminiscencias hebreas, finas y muy crujientes, que van de maravilla con chacinas y tapeo.

Especifica el precio del pan en tu carta para evitar pequeños disgustos a la hora de cobrarlo, pues hay otras tierras donde no se hace, o, por lo menos, no se hace directamente; supongo que su importe lo repartirán con el de los demás platos, pues nadie regala nada.

No creas que es una exageración el uso de la palabra disgusto, especialmente si quien protesta por el cobro del pan es francés:

—Pues en Francia el pan no se cobra.

—Así será, señor, pero estamos en España.

**Es imprescindible poner el precio del pan en la carta como si fuese un plato más. En realidad lo es.**

Lo mejor es no entrar al trapo y para ello es imprescindible lo que te decía de poner el precio de este producto en la carta como si fuese un plato más. En realidad lo es. Y ten también la precaución de no servir el pan en la mesa sin permiso del comensal. Se le ofrece:

—¿Los señores tomarán pan?

Así no hay polémica que valga; aunque, para zanjarla definitivamente basta con una frase:

—Si el panadero me cobra a mí el pan, ¿por qué habría yo de regalarlo?

No sé si todo esto vendrá de frases como «negar el pan y la sal» o aquello más religioso de «el pan nuestro de cada día». Ni falta que me hace saberlo. Tomando las precauciones debidas no tiene argumentos quien diga lo contrario.

Hablando de franceses, la verdad es que suelen ser más pejigueras que la media. En el comedor de la planta baja de mi restaurante tengo nueve mesas: dos redondas para seis comensales, cinco rectangulares para cuatro, y otras dos más pequeñas para dos. Si una pareja de franceses llega de los primeros e intento colocarlos en alguna de las dos pequeñas, indefectiblemente protestan y exigen una de las de cuatro plazas. Antes cedía, pero desde que fui por primera vez a París y comí con mi mujer en un tres estrellas Michelín a un pastón por cabeza y en una mesa de sesenta por sesenta (centímetros, claro), no les dejo pasar ni una. Eso sí, los puñeteros saben comer como ellos solos y aprecian una buena cocina y un buen servicio, aunque les cueste la misma vida reconocerlo. No lo pueden remediar, les jode que en España les estemos superando en prestigio gastronómico. Siempre fuimos superiores, pero ellos lo supieron vender mejor. Ahora la tortilla (francesa), que por cierto, es un invento español, está dando la vuelta.

**Los que sólo beben agua son muchos más de los que pensabas.**

Perdóname el punto patriótico, pero si no lo digo reviento.

Vamos con el agua. Pues más de lo mismo: antes la había con gas y sin gas y pare usted de contar. Hoy se hace imprescindible tener varios tipos en una carta de vinos medio qué. Más duras o más blandas. De burbuja fina o gruesa. Más o menos bicarbonatadas. Más o menos digestivas... Empápate (nunca mejor dicho) de las cualidades de cada una de ellas como si del mejor tinto de reserva se tratase y transmíteselas a tus clientes. Observarás con sorpresa que los que sólo beben agua son muchos más de los que pensabas. Unos por gusto y otros por necesidad, sobre todo al mediodía, cuando tienen que seguir trabajando después de la comida.

**Ni se te ocurra poner en la mesa una botella de plástico. Es una herejía.**

Sírvelas siempre frías, si no te indican lo contrario. Últimamente se está poniendo de moda trasvasarla a jarras de cristal tipo decantador, e incluso de alpaca o plata. Es un detalle original, que no te cuesta casi nada, y que te distingue de la competencia. Ésas son las cosas que se suelen comentar al recordar la comida en cuestión, sobre todo las señoras.

¡Ah! ¡Muy importante! Por tus mulas todas, ni se te ocurra poner en la mesa una botella de plástico. Es una herejía. ¿Pondrías en tu restaurante un mantel de hule? Pues eso. Nunca olvides que el agua mineral es el producto con más margen de beneficios de toda tu carta. Si lo cobrásemos todo igual, a los tres meses podridos de millones.

Tampoco menosprecies nunca la copa o vaso en los que la vas a servir. Que sea de buena calidad y brille como una patena.

# XX

# *La reserva de mesas*

# XX

## La reserva de mesas

Estamos ante otro punto bastante delicado del día a día de tu restaurante. Es deseable que el cliente se acostumbre a reservar. Da tranquilidad el saber que vas a tener buena ocupación antes de comenzar el servicio, y, además, te permite colocar a los clientes según sus gustos. Ya te irás dando cuenta de que cada uno tiene su rincón preferido.

Sin embargo la reserva puede ser un arma de doble filo. Puedes tenerlo todo ordenado y previsto y no aparecer alguna de ellas, o llamar a última hora diciendo que la comida se suspende. Y eso, después de haber echado mesas para atrás, o de haber colocado a un buen cliente en una mesa que no era la suya, sienta como un tiro.

**Es deseable que el cliente se acostumbre a reservar.**

Cuando tomes nota de las reservas apunta nombre, empresa, hora y teléfono, a ser posible un móvil. Si pasan los quince o veinte minutos de cortesía que se suelen dejar y la mesa no aparece, llama al cliente, y si éste no da señales de vida pues dispón de ella. En el caso de que lleguen con más retraso le explicas los esfuerzos hechos para localizarlo y, usando esa mano izquierda que siempre debes tener preparada, le invitas a un aperitivo mientras que alguna se queda libre, porque si el cliente ha llegado tan tarde, alguna mesa debe estar acabando. Seguro.

Otro caso que se te va a dar es que el cliente aparezca por tu casa convencidísimo de que su secretaria ha reservado mesa y no sea así, bien porque ella se olvidó, o bien porque a alguien de los tuyos se le fue de la cabeza pasar la reserva al libro. Todo puede haber ocurrido. Pero nunca eches la culpa a quien llamó, aunque estés seguro al cien por cien de ello. Soluciónalo con un «habrá sido un malentendido» y siéntalos lo más rápidamente posible. Y en el mejor sitio, a poder ser.

**El libro de reservas es una buena fuente de información si lo sabes utilizar.**

En mesas de muchos comensales o de grupos es imprescindible la confirmación de ella por fax o correo electrónico. Un documento escrito siempre es un documento escrito.

Cada vez está más extendido para este último tipo de mesas el firmar por ambas partes un formulario en el que se especifica menú, vinos, día, hora y número de comensales con un pequeño margen de error, amén de una cláusula en la que se indique que se facturará el número de comensales que se confirme veinticuatro horas antes del servicio. Y así todos contentos: nosotros porque no nos llevaremos sorpresas de última hora tales como que sólo aparezcan diez comensales en una mesa de veinte; y el cliente porque tienen la garantía escrita de que se le va a servir lo que ellos han escogido. Aunque parezca un poco violento, si lo haces con total naturalidad no lo es. Cuando es una comida que se paga a escote todo el mundo se apunta, pero cuando llega la fecha, que si se ha puesto el niño malo... que si no encuentro canguro... que si patatín... que si patatán... y el que se queda compuesto y con la mitad de la comida preparada y sin cobrar eres tú. Piénsatelo bien. Y no dudes en pedir una señal por adelantado si no son clientes habituales. En los hoteles ya te exigen un número de tarjeta para cargarte una penalización si anulas con poco margen o no apareces.

El libro de reservas es una buena fuente de información si lo sabes utilizar. Te servirá como base de datos para posibles envíos publicitarios por correo. Para saber con qué frecuencia viene a comer don Fulano o don Mengano. Te llevarás sorpresas del tipo de que el cliente X siempre viene en jueves o de que el Y siempre reserva para tres personas.

Casos curiosos que se me han dado son, por ejemplo, el día en que me reservaron dos mesas para idéntico número de comensales, al mismo nombre y a la misma hora. Cuando todos pensábamos que era una reserva duplicada por error aparecieron ambas.

¿Es difícil que un señor se llame Trinidad? Pues yo tuve dos que se llamaban Trinidad López y no paré hasta que coincidieron y los presenté.

Cada vez se está imponiendo más el llamar a los clientes el día antes para confirmar. Evitas sorpresas desagradables, pues aún quedan bromistas (se me ocurre otra calificación pero me contengo) que se dedican a hacer falsas reservas por teléfono. Sin comentarios.

Lo usual es que a los clientes que tienen la precaución de llamar antes se les coloquen en las mejores mesas. Ten en cuenta que esto te puede suponer alguna incomprensión por parte de quienes llegan temprano a comer sin reserva y tienen que conformarse con las mesas peor ubicadas estando la sala sin clientes. Si te protestan les explicas con toda amabilidad el porqué es así y les das una tarjeta para que llamen la próxima vez.

Un consejo: nunca te comprometas a adjudicar una mesa concreta, puede suceder que te llamen *a posteriori* para muchos comensales juntos y necesites precisamente ésa para unirla a otras. Con un «haremos todo lo posible para que ésa sea su mesa pero no se lo podemos garantizar al cien por cien» evitarás sorpresas desagradables.

Tú eres el maestro y tú diriges la lidia (espero que ningún posible cliente se me enfade por el símil taurino). Y las tres reglas de oro del toreo (que es un arte) son parar, templar y mandar, es decir, no dejarte llevar por la dinámica de la situación, marcar tú el ritmo de los acontecimientos y hacer que todos los demás miembros de esta representación sigan tu batuta. Eso sí, afínala bien, que si no te pilla el toro. Palabra de Becerra.

XXI

# ¿Existe el factor suerte?

# XXI

## ¿Existe el factor suerte?

He dejado esta cuestión para el final a posta y, te seré sincero: si tú me hicieras esa pregunta ahora que llevo más de treinta y cuatro años de oficio no sabría qué contestarte.

Hay restaurantes que tienen todos los palos a su favor y no acaban de arrancar. Están ubicados en sitios clave, decorados con el mejor gusto, utilizan la mejor materia prima, el servicio es de primera y la cocina de diez. Y se estrellan a pesar de tener una relación calidad-precio excelente.

**Hay restaurantes que tienen todos los palos a su favor y no acaban de arrancar.**

Y, por otra parte, hay negocios que no puedes explicarte cómo están siempre hasta las trancas a pesar de ser mediocres y caros. Pero, no nos equivoquemos, son las excepciones que confirman la regla.

En Sevilla apareció hace bastantes años Pello Roteta, hermano del famoso Ramón del País Vasco, que abrió restaurante en Triana junto con Mila, su mujer. El sitio era más bien malillo, pero en todo lo demás de sobresaliente para arriba. Él guisaba (y seguirá haciéndolo, supongo) con un toque especial, y ella llevaba solita la sala sin que faltara el más mínimo detalle en cada mesa. Llegaron a tener una estrella Michelín, la primera que dio dicha guía en Sevilla, pero no les sirvió de mucho. Tuvieron que marcharse aburridos y medio arruinados. Probablemente fueron unos anticipados a su época en una ciudad tan conservadora como la mía, pero los que nos sentíamos a gusto en su casa seguimos teniendo ese hueco sin llenar. Sus sesos rebozados al vino tinto eran sencillamente insuperables. Ojalá estén triunfando allá donde hayan recalado.

A lo que íbamos: ¿existe el factor suerte? A lo mejor sí, quien sabe, pero te digo lo que el poeta: si las musas llegan de improviso que me pillen trabajando. No confíes en la suerte. Trabaja. Con honradez y con perseverancia. En hostelería cuesta llegar y cuesta mantenerse. Nos examinan cada día, en cada mesa, en cada plato. Son muchos los pares de ojos que nos escudriñan a diario como para bajar la guardia.

**No confíes en la suerte. Trabaja. Con honradez y con perseverancia.**

No pienses nunca que un restaurante es la suma de local, decoración, cocina y servicio. Es algo más. Si sólo fuese lo primero sería fácil encontrar la ecuación exacta para dar en el clavo. Pero tu restaurante tiene algo más; tiene alma. Sí. Alma. Y ese alma es el resultado de los trocitos de la propia que os dejáis a diario todos los que trabajáis allí. Vuestra vitalidad (la tuya propia y la de los tuyos) y cariño impregnan mesas, sillas, cubiertos y servilletas. Y eso se tiene o no se tiene. Y el único modo de tenerlo ya lo habrás deducido a lo largo y ancho de este libro. Has decidido dedicarte a la Hostelería. Bienvenido al club —te decía—. Pero es un club muy estricto y exclusivo: sólo se admite gente entregada. Disfruta los buenos momentos que te deparará tu oficio a diario y sufre los malos preguntándote siempre el porqué han sido malos.

Cuando el tiempo pase y llegues a acumular tantas vivencias como los que ya peinamos canas, párate a pensar en las cosas que han sucedido en tu casa y verás que habrás sido testigo excepcional de tantos momentos felices y de los otros como nunca habrías podido soñar. En tu casa se habrán fraguado amores y se habrán sellado separaciones. Tus manteles habrán sido testigos de pactos imposibles y de oportunidades perdidas. En definitiva, habrás sido testigo de una pequeña parte de la Historia.

E incluso podrías haber influido en ella amansando acritudes con un plato bien guisado y mejor compartido.

Compañero: esto es una droga dura. Engancha desde primera hora. No digas que no te avisé.

*Sevilla, 7 de mayo de 2006.*

JUAN MANUEL ORTEGA